心の通った会話がチームを強くする

心理的安全性

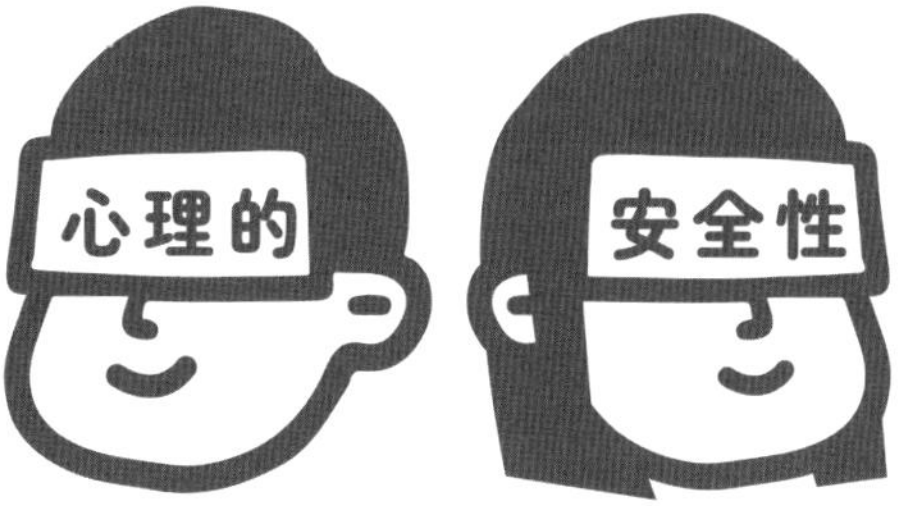

を生み出す伝ぇ方

小野みか

ビジネス教育出版社

はじめに

はじめまして。

一般社団法人日本心理的安全教育機構（PSEO）代表の小野みかと申します。

チームや組織内の人間関係を円滑にするための研修や講演を行っております。

本書を通して、「心理的安全性」についてみなさんにお伝えするにあたり、この仕事に就くに至った経緯、思いを含めて、少し自己紹介をさせていただきます。

第一章でもお伝えしていますが、わたしの生まれ育った実家は父が牧師を務めるキリスト教（プロテスタント系）の教会でした。

様々なバックグラウンドを持つ人たちが、毎週日曜日に教会を訪れ、一同に介して「礼拝」が執り行われます。その中でわたしも含めたクリスチャンたちは聖書の言葉の中から今の自分に必要なメッセージを受け取り、そして目の前の現実をより良くしていくために必要な学びを得て、翌日からまたそれぞれの日常に戻っていくという環境がありました。

教会に集う人の中には「お金の悩み」「健康の悩み」そして「人間関係の悩み」など様々な悩みを抱えている人がいます。牧師であるわたしの父はクリスチャンの皆さんの悩みに向き合い、自分の経験や聖書の言葉を借りて目の前の人を力付けていました。

全ての悩みを解決するためのヒントが聖書にはある。

そんなことを父の姿を見ながら感じて大きくなりましたが、元来人と同じことをすることがとても苦手な性分のわたしは、教会の仕組みに馴染めず、子どもの頃から商業舞台の世界に身を置いて、子役として舞台に立ち、教会とは距離を取るような暮らしをしていました。

舞台の世界とつながるようになって感じたのは、華やかな世界の裏側でも教会に集う人と同じように「お金の悩み」「健康の悩み」「人間関係の悩み」を持っている人がたくさんいるということでした。

特に多かったのは人間関係。
それも家族や職場、同じ舞台のチーム内といった「毎日顔を突き合わせるような人間関係」に悩んでいる人が圧倒的に多かったのです。

その後わたしも大きくなり、自分の家族を持つようになります。
それまではあまり感じてこなかった人間関係の悩みが、家族を持ったことで自分の身にも感じられるようになりました。

若くして子どもを持ち、自分の子どもの考えていることがわからず、悩み、焦り、思考錯誤を繰り返す中で、心理学を学ぶようになりました。この時の学びを通して「人間関係の基礎」は、夫婦、親子、兄弟姉妹の間、つまり家族の中にあり、家族間のコミュニケーションを理解し、実践できるようになれば、全ての人間関係がうまくいくのだということを身をもって実感したのです。

実家の教会で行われていた「聖書の学び」、幼い頃から大勢の人に囲まれて育った経験と、大人になってから学び始めた心理学が自然と融合し、現在の心理的安全性を基盤とした人間関係構築のメソッドが誕生し、活動をスタートしました。

心理的安全性は、円滑な人間関係を送るためにもっとも大切な要素です。毎日の生活の中で、ご自身が身を置く環境が心理的安全性を感じられる場所であれば、日々はもちろん、人生そのものの満足につながっていくと信じています。

本書が、あなたの毎日を少しでも明るくする一助となりますように。

2024年5月30日　小野みか

第1章

心理的安全性とは？

みなさんは、日々の生活の中で、

「これを言ったら上司が機嫌を損ねるかな？」
「友達が怒るかな？」
「妻が気分を害してしまうだろうか」

というようなことを、つい考えてしまいませんか？

「相手の反応を恐れるあまり、言いたいことが言えない、伝えたいことがあるのに素直に伝えることができない」なんていうこと、ほとんどの人が感じたことがあるのではないでしょうか。

本書でお伝えする「心理的安全性」とは、

- **会社においては、上司や同僚、部下、**
- **家庭内では、両親、夫婦、親子**

・友人、先輩・後輩
・共通のテーマで活動する団体やコミュニティのメンバー

など、相手が誰であっても相手がどんな反応を示すか心配したり、恥ずかしいと感じたりすることなく、自分の心の内をオープンに伝えられるような「心が安心できる」状態のことをいいます。そう、「安心感」ですね。

私たちは誰しも、誰かとコミュニケーションを取るとき、相手が気分を害さないように、その場の空気を乱さないようにと、つい相手の顔色をうかがってしまうことがあります。「心で思っていることを相手に率直に伝えることができたらいいな」と思っている人は、きっと多いでしょう。頭ではわかっていても、その場になると、やっぱり躊躇してしまうものです。

なぜなら率直に伝えることで、相手の機嫌を損ねてしまうかもしれず、場の雰囲気や人間関係が悪くなってしまうことを恐れるからです。でも心で思っていることと違うことを口にしているため、自分自身の発言や人間関係が満たされません。いつも無理をしたり、我慢をしたりしながら、人や出来事と向き合っている状態になってしまいます。

実はこの思考は、幼少期の経験がベースになっていることが多いのです。みなさんは、子どもの頃、自分が言いたいことを言って、親や周りの大人から怒られたことはありませんか？　思った通りのことを相手に率直に伝えただけなのに叱られる。そういうことが何度か起きると、だんだん自分が言いたいことよりも人が望むことを話す方が、その場が丸く収まることを覚えてしまいます。するとだんだん自分が思っていることをストレートに口に出すことはよくないという思考回路ができていってしまうのです。その思考回路を土台にコミュニケーションを取っていると、結局、人との関係は、余計こじれてしまいます。

でも、相手が自分の伝えることを受け止めてくれるという「安心感」があれば、あなたの人生の満足度や幸福度は、グンと上がる気がしませんか？

あらゆる人間関係を円滑にする基本は、「安心感」

この安心感は、自分だけが感じていればいいものではありません。コミュニケーションを取っている相手の人も、同じように「安心」を感じられていることが大切です。お互いに安心して話せない人との間に信頼が生まれるはずもなく、その関係が発展することも、持続させていくことも難しいでしょう。

もちろん、全ての人間関係を円滑に、長く続けていく必要はないのかもしれません。でも、仕事でもプライベートでも、関わっている人と心理的安全性に基づいた信頼をベースにした関係を築くことができたら、お互いにとってよりよい成果につながっていくのではないでしょうか。

本書では、長く続く良好な人間関係において、心理的安全性がいかに大切か、「心理的安全性」はどのように作るのかについて、例を交えながら、お伝えしていきますね。

生まれ育ったキリスト教会で学んだこと

私がこの「心理的安全性」をテーマにした仕事に就くことになったのは、私の生まれ育った環境が大きく関係しています。

私は、父が牧師を務めるキリスト教（プロテスタント）の教会で生まれ育ちました。学校から家に帰ると、見ず知らずの人たちが結婚式を挙げていることが日常的にあり、さまざまなカップルが夫婦として結ばれていく様子を幼い頃から見てきました。

キリスト教式の結婚式は、一般の式とは少し異なります。一般的な結婚式では、教会で挙式の申し込みをする際、まず日取りや人数など、いわゆる「式」の段取りを決めます。ところが教会では、挙式を申し込んだカップルは、結婚生活に対する心の準備について、牧師を交えて話し合う「結婚準備講座」に参加する必要があります。

みなさん、一度は、「健やかなるときも病めるときも富める時も貧しきときも妻（夫）として愛し敬い慈しむことを誓いますか？」という結婚式の誓いの言葉を聞いたことがあると思います。この言葉通りに、「結婚する2人が心からそう思って誓いを立てる」のが、教会で挙式する「教会式」です。形式的な誓いではなく、結婚の意味、本質をしっかりと理解し、納得した上で、家族としてのスタートをお手伝いするのが教会の役割なのです。

たとえば、結婚の目的を「子どもを持つこと」に置いているカップルであれば、「もし子どもが授からなかったら、どうしますか」という話をします。あるいは、パートナーが「大企業に勤務していて高収入。仕事も安定していて、経済的に安心」だという女性には、「もし何かの事情で、彼が仕事を失ったり、転職したりしたら、そのあなたが今持っている安心感はどうなると思いますか」などと、問いかけます。

「結婚すること自体は、もちろん素晴らしいことですが、同時に結婚は、甘いものではありませんよ」ということを、お話しするので、ウキウキ気分で挙式の申し込みに来た2人の気持ちが打ちのめされていくということもあります。「結婚後、さまざまなことがあります。でも何かあっても2人できちんと向き合って、一緒に乗り越えられる夫婦になってください」ということをお伝えするのが、教会における結婚教育です。

このように結婚に至るまでの過程を間近に見てきた私は、育ってきた環境が違い、考え方や価値観が異なる2人が、同じ空間で同じ生活をする結婚は、全ての人間関係のベースであり、良い関係を保っていくための〝コツ〟が詰まっている、まさに「人間関係構築の真髄」であるということに気づきました。

子どもが生まれたら、子育てをする2人の親として、親子として、という風に家族の中で人間関係が始まります。家族は、最も身近にある人間関係の最小単位。この家族において、人間関係を円滑にする秘訣を身に付け、職場や地域、学校、ビジネスシーンに活用することで、関係する人たち全員が居心地の良い、安心できる空間や場を作っていけるのではないかと、私は思っています。

この安心できる場作り、雰囲気作りが必要であるという考えを基に、私なりに生み出したコミュニケーション術の「エモトーク®」です。私も家族との関係、職場、友人とのコミュニティで実践しているのはもちろん、この重要性や取り組み方をセミナーや講演などでお伝えさせていただいています。さらに、このコミュニケーション術「エモトーク®」が生まれるきっかけとなった結婚教育をベースにした婚活支援、子どもたちが安心安全を感じられる場所作りをするための活動も行っています。（エモトークの詳細はＰ96をご覧ください）

家族における人間関係について

ここで、家庭内の人間関係を見てみましょう。そう、家族です。さきほど、家族は人間関係のベースとなっていると書きました。

家族とは、一般的に、血縁関係や結婚契約をした者同士のことを指します。とはいえ、家族みんな仲良く信頼しあって暮らしている家庭ばかりとは限りません。家族なのに、誰も家族との関係に安心を感じていなければ、戸籍上は「家族」であっても、それは本当に「家族」と言えるでしょうか。

家族として、一つ屋根の下で寝食を共にしてはいるけれど、常にお互いを疑ったり、嫌ったり、罵り合ってばかりいるという家庭もあります。逆に、血はつながっていなくても、いつも親切にしてくれて、自由に冗談を言い合ったりできる近所のおばあちゃんの家があったとしたら、どちらが「安心」を感じるでしょう。

私が生まれ育った教会には、毎週日曜、大勢のクリスチャンが礼拝に参加するために集まります。そのため私は、子どもの頃から大人たちに囲まれていましたが、中には、私が赤ちゃんのときにお世話をしてくれていた女性もたくさんいます。「あなたのおむつを替えたこともあるわよ」「あなたは泣き虫で私がいつも抱っこしてたのよ」と言われれるとちょっと恥ずかしくもありますが、私には、今でもたくさんの家族がいることを実感できます。

このように安心できるコミュニティを家族としてとらえると、「家族」を定義する範囲が広がります。血縁関係の有無に限らず、安心を感じ合える広い意味での家族、つまり〝拡大家族〟として人と関わることの大切さに気づくようになったのです。

自分が心地よくいられる居場所を複数持つ

ところで、みなさん、家族以外に、学校、職場、趣味やビジネスの集まりなど自分が属しているコミュニティはありますか？　実は、「自分の居場所」を一か所だけではなく複数持つということも大切なことです。1つのコミュニティで、心理的安全性を感じられないとき、「ここがだめでもあそこがある」と思える事は、大きな安心感となり、心の支えになります。新しい場所、違う場所で、安心を感じられる関わりを作っていけばいいのです。

もし、「心理的安全性」を感じられないのが、職場である場合は、どうしたらよいでしょう。職場でのストレスがあまりにも大きい、居心地が悪い職場だとしても、職場環境そのものや仕事内容を変えるのは、そう簡単ではありません。担当からはずしてもらったり、部署を変えてもらったりするにしても、会社の人に理解を求める、協力してもらうことが必要になりますし、時間もかかります。転職はまた違ったリスクも生まれます。

仕事や環境を変えることが難しい場合は、職場とは別の場所、例えば、同じ趣味をもった人が集まるコミュニティなど、自分のことを支えて大事にしてくれるコミュニティに参加するのも一案です。職場で神経がすり減るのであれば、居心地のよいコミュニティで心をチャージする。それができることがとても大切です。「場所を分ける」ことで精神的なバランスが取れる、私はこれを「自分を回せるようになる」と表現していますが、そうすれば、心身ともに自分のコンディションもよくなります。

自分のコンディションが整った状態にあれば、職場でストレスがかかることがあっても、それほど気にならなくなるものです。心理的安全性は、環境やその場の影響を大きく受けますが、自分でマネジメントできるものでもあるということを、知っておいてくださいね。

自分自身の心理的安全性を築く大切さ

本書は、心理的安全性を築くためのコミュニケーションの取り方をお伝えするものです。「自分」と「自分以外の誰か」との関係性の話が中心になりますが、その前に、対「誰か」ではなく、自分自身が安全を感じられているかがとても大切です。この章の最後に、「自分で自分の心理的安全性をつくることの大切さ」についてお伝えさせてください。

今から4年前、私の次男が中学1年生の頃のことでした。彼が、中学校に馴染めず、3年間、不登校になりました。いわゆる「引きこもり」状態でした。

でも、その彼が14歳のときに、「eスポーツ」（コンピューターゲーム、ビデオゲームを使った対戦をスポーツ競技としてとらえたもの）に出会ったことが彼の生活を一変させました。「eスポーツ」に本格的に取り組むようになってからは、積極的に外出するようになり、高校に進学してアルバイトも始めるようになったのです。彼は、「eスポーツ」という自分にとって居心地のよい世界を持ったことで、心のコンディションが整い、周りの人たちともうまくいくようになったのです。

この次男の変化を見ていて、1つでも「自分のホーム」といえる場所を持っているだけで、人は、目標を持つことやなりたい未来を描くなどプラスの行動ができるようになるんだということを実感しました。

他人に安心感を与える人になるには

自分で安心できる居場所を作ることは、実は、とても大切なことです。

なぜなら、自分自身のコンディションを整えられる人は、周囲の人にも安心感を与えることができるからです。どこでも、どんな状況でも自然と人が周りに集まってくる人っていませんか？　それはおそらく、その人の近くにいることで、安心を感じるからです。もちろん、それができるかどうかは、その人の持って生まれた性格や育ってきた環境が影響していることも否めません。でも、「自分もそうなりたいけど、自分は持って生まれていないから無理だ」とあきらめる必要もありません。

もし、あなたの身近に、人が自然と集まってくる人がいたら、その人の言動を観察してみてください。この人は、こんな風に接するから、こうするから安心感が生まれているんだなとだんだんわかるようになります。こんな風になりたいなと思う人がいたら、その人の行動を分析して、自分も同じようにしてみることをオススメします。

たとえば会社員の方であれば、上司と部下の関係で悩むことが多いかと思います。部下から怖がられて敬遠され、安心感とは程遠い存在だと自覚している方もいるかもしれません。そういう方は、まず自分自身に安心感を与えられるようになりましょう。それによって他人にも与えられるようになった、いつしか部下から話しかけられるようになった、部下と飲みにいけるようになったなどという例はいくつもあります。

ポイントは、自分の思いや考えの「伝え方」です。伝え方を変えることで、自分が望むような人間関係をうまく作っていくことができるのです。

「そんなこと言われても、そんなこと今まで誰も教えてくれなかった」と思うかもしれませんね。でも、思い出してみてください。ご自分が幼稚園や保育園で過ごしていたとき、先生からこんな風に言われていませんでしたか？「人の嫌がることはやめましょう」「お友達には優しくしましょう」。あるいは「何か人にしてもらったら『ありがとう』、自分が悪いときは『ごめんなさい』と言いましょう」と。そう、このように私たちは、幼稚園くらいの時期には既に、「人に心地良く過ごしてもらうには、どうしたらいいか」ということを教わっているのです。「心理的安全性」という言葉にすると、なんだか難しく聞こえてしまいますが、実は子どもの頃に教わっていたことだったなんて、驚いた方もいるかもしれませんね。

この章では、心理的安全性が、「私たちの人生においてとても重要であること」、まずは、「自分自身の心理的安全性を築くことが大切であること」をお伝えしました。

次章からは、自分だけでなく、相手も心理的安全性を得られるようにするにはどうすればいいのか、その秘訣を具体的にみていきましょう。

第2章

相手に心理的安全性を持ってもらうためのポイント

この章では、心理学的な観点から、相手に心理的安全性を持ってもらうための基本的なポイントについて学びます。人の心の仕組みや、人はどのように安心感を覚えるのかなど心の構造についてお伝えします。

心理という字を見てください。「心の理由」と書きますね。つまり、心が動くには、全て理由があります。なぜ安心するのか、どうして不安になるのか。その「理由」が理解できれば、不安を感じる状況に身を置いたときに、どんな風に対処すればよいのかがわかるようになります。この「心の動き」についてお話ししましょう。

人の心は、ほぼ例外なく誰もが同じ仕組みで動いています。肌をつねったら、100人中ほぼ100人が痛みを感じるのと同じように、嫌なことがあったら不快に思い、嬉しいことがあったら楽しい気持ちになります。私たちは、そんな「心が働く仕組み」を持っています。

私たち人間には、心がこんな風に扱われたら嬉しい、こんな風だと嫌だという「型」のようなものが、初期設定されています。例えば「人の鼻」。どの人の顔にもある鼻ですが、その形状は人によって多少の差異はあるものの、ほぼ同じです。でも匂いの感じ方は、ひとそれぞれ異なりますね。人の心も同様で、基本形はありますが、感じ方が人によって違うのは、その人が育った家庭環境や社会環境に影響されるものだからです。

人の心には鍵のかかった「扉」がある

「心理的安全性」を学ぶ上で最初にお伝えしたいことは、「心には扉がある」ということです。みなさんの胸のあたりに扉があるとイメージしてみてください。

家の中には大切な物がたくさんあります。だから、見知らぬ人や変な人は、中に入れたくありませんよね。多くの人にとって家の中は、プライベートな空間で、一番リラックスできる場所であるはずです。裸で歩き回ることだってできるほど、他人には見せない「素」でいられる場所です。私たちの心も、そのような空間だと思ってください。

みなさん、家の玄関には鍵をかけていますよね。インターホンが押されたとき、どんな人であれば、躊躇することなく、鍵をあけて扉を開きますか？　家族や一緒に住んでいる人はもちろん、友人やあらかじめ来訪することがわかっている人ではないでしょうか。

躊躇することなく扉を開けられるのは、「知っている人」という安心感があるからです。私たちは、相手に対して安心感や信頼感を抱いており、相手が誰なのか、どういう人なのかなど情報を持っていれば、特に警戒することなく、自分の家の玄関の扉を開けるものです。

心も家と同じです。用心のために、心にも鍵がかかっていることが多いです。でも心を通わせたい、伝えたいことがある相手と考えや思いを交わし合うためには、お互いの扉が開いている必要があります。

心の扉は、無理やり外からこじ開けられるものではなく、扉の持ち主が解錠して、扉を開くまで中に入ることはできません。外から無理矢理入ったら不法侵入です。相手の扉がまだ開いていないのに、閉まっている扉に向けて言葉を投げつけたり、無理やり開けようとしてドンドンと叩いたりすれば益々警戒心は高まって、たとえ開こうとした扉であっても固く閉じられてしまいます。

私たちは、全員が「心の扉」を持っていて、その扉を開けてもらうことから始まるということを理解しましょう。相手に扉を開けてもらうために必要なポイントは、４つあります。１つずつご紹介していきましょう。

心の扉を開けてもらうためのポイントその１・見た目

１つ目は、見た目です。いきなり見た目の話か！と思いましたか？　ですが心理的安全性を語る上で、見た目は重要な要素です。チャイムが鳴り、玄関のドアスコープから覗いたときに、ドアの向こうに立っている人が清潔感のあるきちんとした身なりの人と不潔でだらしなさを感じる人がいたら、あなたは、それぞれの人にどんな態度を取るでしょう。警戒するのは、もちろん後者ですよね。見ず知らずの人であれば、見た目にかかわらずそもそも警戒するものですが、心の扉についても、見た目がだらしなくて清潔感のない人には、警戒心が高まり、「開けてはいけない」と感じてしまうものです。

そのため、警戒心を相手に抱かせないで、人と関わろうとするなら、ある程度見た目に気を遣うことが大切です。在宅勤務が多くなると、つい見た目を整えることに手を抜きがちですが、相手に安心感を与えるためにも最低限の身だしなみを整えることは大切です。

〈身だしなみチェックポイント〉

- **洗髪、洗顔をしていますか？**
- **寝グセは、ついていませんか？**
- **目ヤニは、ついていませんか？**
- **歯はきちんと磨かれていますか？**
- **着ているものは、黄ばんでいませんか？　食べこぼしがあったり、シワがついたりしていませんか？**
- **フケは出ていませんか？**

・鼻毛は見えていませんか？
・耳あかは溜まっていませんか？
・爪がのびっぱなしになっていませんか？
・女性の場合、メイクが濃すぎませんか？

意外なのは、「汗」です。見た目が清潔な人の汗は、「頑張っている」というプラスの印象になりますが、身だしなみが整っていない人の汗は、「不潔」「汚い」という印象になるので注意しましょう。

また、直接会っている場合は、その人の「匂い」も含まれます。匂いは、人から受ける印象を大きく左右するものです。体臭もあれば、たばこ、お酒、汗の臭いも含まれます。「香り」は、脳に直結しているとされ、いい香りを嗅げばいい気分になり、嫌な臭いを嗅げば、不快になります。

香りの好みもそれぞれなので、自分がいい香りだと思って付けている香水が、相手にとっては嫌な臭いである可能性もあります。人格を知るより先に、匂いが「受け入れられない」と感じると、それだけで扉を開けてもらえないこともあります。匂いによって、周囲の人に対して不快な思いを与えてしまう「スメルハラスメント」という言葉があるほど、匂いが引き起こす悪影響が問題になるケースもたくさんあります。香水の付けすぎや柔軟剤の香りなどは、使う人が注意するしかありませんが、匂いも心の扉を開けられない理由、つまり阻害要因になりうることを覚えておいてください。

もう1つ大切な要素があります。それは顔の表情です。

ここで考えてみてください。話をしているときに、人が一番警戒心を抱くのは、どんな表情だと思いますか？

答えは、「無表情」です。誰かと話をしていて、一番不安になるのは、相手の反応がわからないときではありませんか？　相手の表情で、「あ、嬉しそうだな」「機嫌が悪そうだな」ということがわかりますよね。嬉しそうであれば、こちらも安心して話を続けられますが、「機嫌が悪そう」であれば、「あ～今日は、ちょっと気を遣うことになりそうだな」「関わらないでおこう」

など、自分で選択肢を持つことができます。表情に乏しく、表情が読みにくい人は何を考えているのかわからず、そんな人に対して、どのように対応して良いのかわかりません。

表情は、心で思っていることが表れており、＝心の扉が開いているということです。例え、怒った表情の人でさえも、何を考えているのかわからない無表情の人より、感情が外に出ている分、（何に怒っているのかがわかるまで気を遣うかもしれませんが）、対応の仕方を考える余地があります。

このようにたとえ怒っているような表情であっても、心の中の状態と外に出ている表情が同じであれば、相手が抱く警戒心は小さくなります。あなたがあなたの表情を相手にどれほど見せているかが、相手に安心感を持ってもらえるかどうかの大きなポイントになります。

相手のことを「好ましい」と思えば自ら心の扉を開くものですし、相手を「嫌だ」と思ったら絶対開けません。玄関の扉と同じです。全ての人に好かれる必要はありませんが、嫌われたらその時点で関係が終わってしまいます。

でも、話す前に心の扉を閉ざされてしまったら、何も始まりません。外見に気を遣って、好感度の高そうな自分を作ったとしても、嫌われるような言動をしてしまったら一瞬で台無しになります。言葉の前に見た目など、まずは警戒心を持たれないためのポイントを押さえて、相手の前に立つことが重要です。

安心「感」と書くように、安心感は感覚です。感覚とは、頭で考えるものではなくて、私たちの動物的な本能で感じるもの。安心感を作っている多くの要素は、「言葉ではないもの」です。もちろん相手に安心感を与える言葉もありますが、言葉を発する前に、大切なことがあります。「感」の世界においては、言葉が持つ力よりも、大切なのは、見た目や表情なのです。

心の扉を開けてもらうためのポイントその2・反応

2つ目のポイントは「反応」です。

誰かと話していても、聞いているのかどうかわからないときは不安になりますよね。おそらく、ＳＮＳでメッセージを送った時の「既読スルー」も同じだと思います。スルーが続くと、「無視されているのかな」とだんだん心配になってきます。

学校、職場、会社、その他のコミュニティ、また家庭においても、誰かと話しているときに、あなたは、それに対して反応していますか？　一番精神的な辛さを感じるのは、自分がそこにいるにもかかわらず、いないかのように存在を認められていないことです。自分が「ここにいる」ということをみんなが受け入れてくれていることが実感できないような状況に身を置くのは耐え難い辛さを感じるということを想像できると思います。

「反応」は、その人の「存在」があってこそ起こるもの。自分に対して反応してくれる人がいるということは、自分が「ここにいるんだな」「いていいんだな」ということを確認できるということでもあります。

実は、いじめのなかでも一番精神的にきついのは、「無視されること」です。その場にいないものとされるということですね。無視されるよりも、からかわれたり、傷つくような言葉であっても声をかけられたりするほうが、存在がそこにあるという証明になります。相手からの反応が薄い、あるいは反応がない場所に身を置き続けるのは本当に辛いことです。普段の会話であっても、話している相手がたくさん反応してくれると、私たちは安心するのです。

相手の話を「聴く」態度

私の知る限り、多くの男性の管理職以上の方たちは、人の話に反応することがあまり上手ではない傾向があるように感じます。管理職まで出世される方たちですから、外見は整っているかもしれません。でも実際に私がお話しさせていただいているときでも、反応の示し方が薄いと感じる方は結構多いことに驚きます。「ちゃんと話は聞いているし、反応もしているよ!」と反論される方もいると思いますが、たとえば、家庭の中で、こんなことはありませんか?

リビングで新聞を読んでいるお父さんに、お母さんが話しかけます。

お母さん：あのね、〇〇なの。どう思う？
お父さん：うー、うん、うん（新聞から目を離さないまま）
お母さん：ねえ、お父さん、私の話聞いてる？（少し怒り気味）
お父さん：聞いてるよ！（イラっとして）

どこの家庭でもありますよね。

この場合、お父さんは、確かにお母さんに対して反応はしていますが、お母さんが求めている反応ではありません。望ましい反応の示し方としては、お父さんは、読んでいる新聞をテーブルに置き、話しかけてきたお母さんの方に向き直り、聞いているよという姿勢を見せるのです。会社であれば上司が部下に対してとる態度に置き換えてイメージしてみてください。パソコンの画面を見ながら、部下に生返事するのではなく、話している人のほうに向き直りましょう。

ポイントは、話をしている相手に「おへそを向けて聞くこと」。それだけで、相手に大きな安心感が生まれます。この人は自分の言葉を「受け取ってくれている」「気持ちが届いた」と思えるんですね。

あなたは、話をしている相手に対して、おへそが向いている状態で反応しているでしょうか。身近な存在であればあるほど、必要最低限のコミュニケーションでいい、そのほうが合理的であると思いがちです。でもあなたが、頭でそのように考えたとしても、受け取る方の心は、あなたが頭で考えているほど、安心感を得られていません。でも、それは頭で考えていること。心では「合理的でいい」ということはありません。相手に安心感を持ってもらうために必要なのは、筋肉をはじめとする身体を使うことです。

お互いの関係に慣れてくればくるほど交わす言葉が少なくなってくる、つまりコミュニケーションが「省エネモード」になりがちです。必要最低限の単語のやり取りだけでコミュニケーションが取れているかのように思いますが、なんだか業務連絡のようになってしまい、心が通いあっているという実感を持てないのです。そんな潤いがないコミュニケーションが続くと、相手は「私は、大事にされていないのかな」「私のことわかってもらっていないな」と思って離れてしまいます。

一方、心が通いあった会話をすることで、「自分はここにいてもいい」と存在が認められたと感じることができます。心が通っていると、相手から「自分が求められている」「ここは私の居場所だからここにいる」と感じられるのです。この安心感は、挨拶やちょっとした会話から生まれます。私たちは、「自分を必要としてくれる環境」を手離したくないと思う生き物なのです。

相手に興味を持つ

興味を持っていない人に対して反応し続けることは難しく、無理に反応しようとすると自分の心が疲弊することもあります。職場でも、家庭でも、コミュニティでも同じ空間で過ごす人たちに対して、興味をどれだけ持てるかということもとても大切です。業務上の会話でありながらも、「なぜその仕事を選んだか」「なぜこの会社で働こうと思ったのか」など、職場の同僚や先輩・後輩、上司・部下などお互いの想いを共有することで、「親近感はもちろん、信頼や結びつきなど業務上の関わり以上の何か」が生まれます。

必要以上に相手のプライバシーに踏み込む必要はありませんが、上司を含めた職場のみなさんが、スタッフ、従業員1人ひとりに、どういう想いを持って仕事をしているのかについて共有することをおすすめします。お互いのことについてより理解を深めることができたら、仕事にも良い影響が及ぼされることは想像できますよね。

たとえばオフィスで仕事をしている方であれば、会議が終わった後などに、自分の持ち場に戻るまでの廊下でちょっと立ち話をしたり、給湯室にたまたま居合わせた人と雑談をしたりというようなことも含まれます。

コミュニケーションにおける「潤い」です。リモート勤務の場合は、そのような接点がないので、この潤いをどのように作っていくのかが心理的安全性を構築するにあたって大切になります。

お互いへの理解という点においては、夫婦も同じです。これは結婚する夫婦に対してお伝えしていることですが、夫婦として人生を共に過ごしていく中で、１人の男性として、１人の女性としてどうしたいかについて、自分の人生をどのように描いていきたいのかも同時に考えなくてはいけません。

結婚後は、夫婦としての関係が始まります。その上で、お互いがどういう個人として、どういう人生を生きたいのかという、自分のライフデザインについてきちんと話し合い、お互いに応援し合える関係になったら、素晴らしいと思いませんか？　そのためには、相手がどういうプランを描いているのかを知る必要があります。わからないと応援しようがありませんからね。

相手も自分もＯＫになる「クッション言葉」

次にお伝えするのは、相手に「共感していること」をどのように伝えるかについてです。

共感しているということを示したい場合は、相手が話すことに対して、「わかるよ」「そうだよね」という、共感を表す言葉をたくさん使うことです。うなずいたり、笑顔を見せたりするなどして、言葉はもちろん、表情や動作でも大きく反応しながら「わかる！」「わかります」と言ってあげるといいですね。

年齢の離れた上司と部下であれば、世代の違いが原因で、お互いに何を言っているか全く理解できないこともあるでしょう。そんな場合は、ダイレクトに「わからない」と口に出すのではなく、「クッション言葉」を使うことをおすすめします。クッション言葉とは、相手の話を柔らかく受け止めることができるクッションの役割をし、同時にあなたの話を聞いていますよという姿勢を示すことができる便利な言葉です。

その1つが、「そうなんですね」です。同意も、同調も、共感もせず、「あなたの状況はそうなんですね」とそのまま受け取ることができます。その他にも、「なるほど」「ほうほう」「へ〜」など、バリエーションがいくつかありますから、状況に応じて使い分けましょう。たとえ聞いている側が話の内容について否定的だったり、反対意見を持っていたりしていても、クッ

同化も同調も共感もできないときは・・・

- そうかもしれないね
- そうなんだね
- そんなこともあるんだね
- わかる気がする
- なるほどね

← クッション言葉で受け止める

ション言葉を使うことで、その場の雰囲気は壊すことなく会話を続けることができます。無理をして相手に合わせることで自分が苦しくなってしまうこともありません。とても便利な言葉ですから、是非覚えておいてください。

余談ですが、コミュニケーションについての研修中、クッション言葉について教えた翌日から参加者のみなさん同士の会話で、「そうなんですね」を使う人が一気に増えるという面白い現象が起きたことがあります（笑）。ある日、参加者の1人が、このクッション言葉の「そうなんですね」は、関西で言う「知らんけど」と同じだと言ったことがあります。関西弁で言うと、「そうなんやー！　知らんけど」と言うのと同じで、「私は、そう思っていないけれど、あなたはそう思っているんですね。あなたがそういう状態であることは、受け取りました」という意味で、まさに「そうなんですね」＝「知らんけど」だと私も「なるほど！」と思ったのを覚えています。

クッション言葉の大切なポイントは、「否定されない」という点です。

誰しも、自分の考えや思いを否定され続けると、心の扉を閉めてしまいます。逆に相手に安心感を与えて、「この人にだったらもっと自分を出してもいいな、もっと喋ってもいいな」と思わせるのは、受け取り上手な人です。「えー、そうなんだ、それでそれで？」と積極的に話を聴いてくれると、「それでですね」と積極的に話を続けたり、もう少し話してみようかなという気持ちになります。

人は自分の話を聴いてくれる人に安心感を覚え、信頼するようになります。つまり、相手のこと、話している言葉を受け取ることが、相手の心の扉を開く2つ目の鍵となります。

昨今は、防犯上の理由から、玄関のドアの鍵が２つある「ダブルロック」の家が増えています。３つある「トリプルロック」の家もあるようですが、慎重な人の心の中も同じです。外見や匂いで安心できると感じてもらい、１つ目の扉を開けられたとしても、まだまだ鍵が何個もある人もいます。それでも１つ１つの鍵を開けていくしかありませんから、少なくとも見た目を整え、真摯に相手の話に反応することで、１つ目の鍵は、開けてもらえる確率は高くなります。

心の扉を開けてもらうためのポイントその３．承認

開いたと思っていても、ちょっとしたことで閉まってしまうのが心の扉です。しっかりと開けてもらうための３つ目のポイントは、「承認」です。

多くの方が、「承認」イコール「褒める」と認識されていますが、実は全く異なります。「褒める」という言葉には、誰かが決めた基準があり、その基準をクリアした、その基準に沿って

行動したから褒められるというロジックがあります。そのロジックでいくと基準から離れたことと逆のことをすると褒められることはありません。つまり、「褒める」という行為は、誰かが決めた評価基準に沿ったもので、その土台には、良いか悪いか、白か黒か、正しいか間違っているかなどの判断を下す「ジャッジメント」があります。

話す人は、「自分はどんな風にジャッジされるのだろう」と、ドキドキしますよね。「褒める」「叱る」というのは、良し悪しの基準が前提になっています。そんな風に判断されては、安心感を持つどころか、逆に安心感が削がれてしまいます。「ジャッジする・されている」という土台に立って、人と向き合おうとしたところで、心理的安全性が生まれるわけがありません。

コミュニケーションのベースが「ジャッジメント」になっていると、「人格」と「行動」が同一視されてしまいます。つまり、「あの人はこういう基準に沿って行動ができるから素晴らしい人だ」というジャッジの一方で、「あの人はこういうことに沿ったことができないから、駄目な人だ」という、人格とジャッジがセットになって、「行動がよくないと、＝人格までだめだ」とみなされてしまいます。

たった1つの基準と照らし合わせて、短絡的にジャッジされることは大変恐ろしいことです。これは、学校や職場など、あらゆるコミュニティにおいていえることです。もちろん基準をつくってはいけないということではありません。コミュニティを円滑に運営していくためのルールや決まり、評価基準はあって当然です。

ポイントは、「ジャッジをするか、しないか」です。

求められるものは、ジャッジを伴わない「承認」です。「承認」とは、話や行動の良し悪しや、結果や評価軸によって左右されることなく、「あなたは、あなた」として人格が扱われることです。「帰属欲求」という私たちの心理に存在する欲求は、「生きていていい」「存在していてい い」という、人としての権限の第一の土台。「承認」というのは、そこが満たされるようなかかわり方なんです。家族や職場で、「ここにいていい」「ここの一員だ」という承認が得られることで帰属の欲求が満たされます。

ところで、「できない人」を承認し続けたら、「その人の成長につながらないのでは？」という疑問を持つ方もいるかもしれません。大切なのは、「承認」と「ジャッジ」の順番です。あくまで「安全」であることを守るのが先で、その上で必要であればジャッジし、その人に足りないものや改善の余地があれば、それを伝えてあげないと、永遠に改善されることはありませんし成長につながりません。

例えば、

「君は何かできてもできなくても素晴らしい存在です。ただし、会社という組織においては、この点をもう少し頑張ってくれないと、上司として評価することができません。でもこれは、君の人格そのものについて評価しているのではなくて、現状の君に不足しているものを事実として伝えています」

あるいは、

「あなたはそうなんだね。そんなあなたも素晴らしいと思うよ。でもこのコミュニティでは、こんな風にふるまうことを心がけるとあなたも心地よいだろうし、そうすることで、あなたに対する周囲からの評価は上がっていくよ」

という風に「どのように伝えるか」によって、言われた方は人格を否定されているわけではないので、安心感を守ることができます。まずは承認してあげることがとても大切です。

伝えられた方も「確かにこれができていないのは事実ですね。自分でどうしたら改善できるか、できるようになるか考えてみます」という風に受け止めやすくなります。自分が「承認されている」と感じると、相手からの言葉が届くようになるのです。逆に一方的に「評価される」と安心感を持てず、心の扉が閉じてしまいます。それによって「評価を上げていくことがあなたのためになる」という大切なメッセージがその人の心に入っていかなくなるのです。

これまで、自分が「承認」されたことが少なく、「評価」をされて育ってきた方が多いので、いざ実行に移すとなると「難しさ」を感じるかもしれません。大切なのは意識を変えようとすることです。「評価するのではなく承認する」ということを意識しましょう。

心の扉を開けてもらうためのポイントその4．具体的な言葉のかけ方

最後のポイントは「具体的な言葉のかけ方」です。

「失敗したことを注意しなければいけない」「評価が下がってしまったことを伝える」など、ネガティブな内容を伝えるときは注意が必要です。伝える方も、気が重いですしね。このとき、おすすめしたいことがあります。人に言葉をかけるときに大切なことは、**まず「ポジティブな言葉から始める」**こと。それによって安心感のある場をつくることができます。

「ちょっといい？」と声をかけられた直後、いきなり文句や否定的なことを言われたら、どうでしょう？　言われた方は、いきなり切りつけられたような痛みや怖さを心に感じてしまいます。それを避けるために、まずは「いつもありがとう」、「いつも助かってるよ」とか、「今日は調子どう？」など、柔らかく始めるのです。私はこれを「麻酔をかける」と呼んでいます。

伝える内容によっては、相手が心に痛みを感じるかもしれないと思われるときは、その痛みを少しでも和らげるために、あらかじめ心に麻酔をかけるのです。

I（アイ）メッセージで伝える大切さ

私の会話は、主語が「私」のときと「あなた」のとき、この2つを使い分けています。実は、「評価」を軸として回っているチームやコミュニティでは、「あなたって」、「あなたは」のような「あなた」から始まる言葉を使うことが多くなるという特徴があります。

「あなたってこういう人だよね」というような評価を押しつけられたり、「あなたは、どうして○○をしてくれないの？」などと言われたりすると、人は本能的に攻撃されていると感じてしまうものです。まして、「あなた」と指をさされてそんなことを言われたら、ドキッとしますし、身構えてしまいますよね。

自分の感情や気持ち、意見を伝えるとき、「私」という言葉から始めるのがポイントです。心理学では「I」から始まる「I（アイ）メッセージ」といい、「あなた」から始まるのは「You（ユー）メッセージ」と呼びます。

例えば、「ちょっとそれ片付けといてよ」という言葉の主語は「あなた」。実際に口に出してはいませんが、「You」です。「Youそれ片付けといてよ」という言葉が隠されています。一方、「ここを片付けてくれたら、私はすごく助かる」と言うと主語は、「私」。「Iメッセージ」になります。

「私が、そう思っている」というニュアンスで伝えられると、言われた側は「あー、そうなんですね」と受け取らざるを得ません。もちろん、Youメッセージであっても楽しそうに伝えたり、たとえIメッセージであっても言い方によっては、嫌味っぽくなったりと伝え方で受け取る方の印象が変わります。

でも多くの場合、「You」で伝えられると、言われた方は、自分に矛先が向いていると感じます。私たちの動物的な本能によって、相手をどうやって打ち負かそう、どうやってかわそうと自然に考えてしまい、臨戦態勢を取ろうとします。Ｙｏｕメッセージは、相手が攻撃されたような気持ちになってしまうのです。あるいは、自分が標的になっていると感じて、防衛しようとし、その場から逃げようとします。人に何かを伝えるときは、自分の気持ちと、状況を伝えるつもりで、Ｉメッセージを使いましょう。

Ｉメッセージを上手に使えるようになれば、自分の言いたいことが相手に伝わりやすくなります。そして、相手は自分の伝えたことを真摯に受け取り、言われた内容に対して返答する、行動を取るなどリアクションするようになります。それをまた自分が受け取って、リアクションを返していく、というように、双方向のコミュニケーションが可能になります。

ＩメッセージとＹｏｕメッセージ、あなたが普段、使っているのは、どちらですか？　もし、「Ｙｏｕ」が多いなと気づいたら、「Ｉ」を使って伝えることを意識してみてください。

以上、心の扉を開けてもらうための４つのポイントをお伝えしました。

次章からは、2章の内容を踏まえ、相手の心の扉を開くためには、「自分の心の状態」が大切であること、また「Iメッセージ」と「Youメッセージ」の具体的な切り替え方など、より実践的な方法を解説していきます。

第3章

心理的安全性を築くための実践

自分を整える編

2章では、心理学的からみた心理的安全性について基本の「キ」、人の心の扉を開けてもらうための4つの鍵について学びました。この章では、「人の心の扉を開くためにやるべきことは理解できてもなかなか実行できない」「これができれば苦労はしないけど、なぜできないのか」という点を紐解いていきます。

まず、「できる」「できない」の違いは何でしょうか。**ポイントは、自分自身が「ご機嫌でいられるかどうか」です。**この3章では、心のコンディションの状態の整え方、「ご機嫌な人になる方法」についてお伝えしたいと思います。

誰かの心の扉を開けるためには、自分がご機嫌でいること

誰かとの間に心理的安全性を築くためのスタートは、「自分自身のご機嫌を取ってコンディションを整えること」です。

そもそも、「ご機嫌な人」と「不機嫌な人」は、何が違うのかについて考えてみたいと思います。ご機嫌でいられるかどうかは、自分自身のマネジメントができているかどうかにかかっていますが、そもそも「自分の心はマネジメントできる」ということを理解しているかどうかがポイントになります。それが理解できていないと、「不機嫌な人」になっていってしまいます。

心理的安全性とは「心のあり方」なので、自分の「心」を扱っているということを自覚していなければなりません。たとえば、身体は自分で洗ったり、触ったりできるから、いまどんな状態にあるのか自分でコンディションを知ることができます。疲れたら、休息を取ったり、エステやマッサージに行くなどして、大切にケアしますよね。

でも心の扱い方、ケアの仕方は習ったことがありませんし、日々、心をどのように扱っているか訊ねられたときに、具体的に答えられる人は少ないと思います。

まずは、心も身体と同じように自分の手でケアできるものだということを知っていただきたいです。心のコンディションが良いときは、「頭で考えることと心で感じていることが同じ」ときです。でも頭ではこうしたほうがいいとわかっているのに心が嫌だと思っているとか、心がこうなりたいとわかっているのに頭がそれにブレーキをかけているときなど、心と頭で考えていることがズレると心理的なコンディションはよくない方向に向かってしまいます。

具体的には、相手に対して思っていることや感じていることを、そのまま表情や発言、行動に出せているなら、その相手に対して私たちは高い心理的安全性を感じているということになります。逆に初対面の相手や、あまり心の扉を開いていない相手には、思っていることと全然違うことを言ったりすることがあります。

頭と心は、どちらも自分の中で意思決定をしています。では、頭で考えていることと心で感じていること、どちらの望みが叶っているときが私たちはご機嫌でいられるのでしょうか。その答えは心です。心で願っていることが叶えられているときのほうが、私たちは気分よくいられます。自分の感情や心を大事にするためには、自分が何を感じているのか、それを満たしてあげる行動がどれだけできているかということを認識することが大切です。

常に機嫌がよさそうな人は、常に自分が何を感じているのか、どうすれば自分の心が満たされたり喜んだりするかということがわかっていて、その行動が取れている人です。逆に、不機嫌な人は、わかっているけど心のケアができていなくて、そもそも自分が何を感じているのかすらわかっていません。心の状態が日常的に自分の意思決定に左右していることに気づいておらず、頭で考えていることだけで生きているという感じです。

実はこういう「不機嫌な人」たちは、頭で合理的に考えて動けば、全てが回っていくと思っています。確かに、システマティックにできている現代社会は、そのシステムに乗っていけば、何かを感じなくても生きていけるという部分があることも否めません。でも、心を置き去りにしていると、どんどん「どうでもいいや」と思考が投げやりになっていきます。例えば、仕事で少し嫌なことがあっただけで、「転職したらいいじゃん」とか「辞めちゃえばいいじゃん」などと「短絡的」に考えて仕事が長続きしなかったり、熱意を持って仕事に注力できなくなるのです。

職場の人と、心のつながりを持たず、頭だけで物事を判断しながら日々を過ごしていると、だんだん人間関係が希薄になっていきます。辛いことがあったとしても会社は単にお金を稼ぎに来る場所だと割り切るようになり、会社にただ属しているような状態になってしまいます。そうした人間関係が希薄な場所に、心理的安全性が生まれるでしょうか。最近、心では何も感じない、感じようとしない「心の不感症」の方が増えていることを感じます。

私たち人間は動物なので、本来、頭で「考える」という機能は、「感じる」の後に働くものです。「感じること」は燃料や動力、「考えること」はボリューム調節や制御の役割を果たしている、そんなイメージでとらえていただくとわかりやすいでしょうか。車に例えると「感じる」のは燃料（ガソリン）、「考える」のはアクセル、ブレーキ、ハンドルです。両方大切ですが燃料がないと動きません。動物の本能として、危険なことを察知して回避しようとする心やホルモンの働きには抗えないようにできているのです。たとえば（結婚相手に良い条件の人がいると紹介されて会ってみたけど心が全く動かなかったり、限りなくお付き合いできる可能性の低いアイドルや有名人に心をうばわれてしまうような）そういう生き物です。

だから、「心で感じる」という機能をきちんと働かせていないと、周りの人たちが私たちのことを大事に扱ってくれていたり、承認や感謝を伝えてくれたりしていても、受け取る側の感度が低すぎることで、勝手に「私のことは誰もわかってくれない」などと思ってしまうということが起こってしまったり、逆に思わしくない扱い方をされていても抵抗感を表現できないまま、ストレスを溜めてしまいます。

ですから人と心を通い合わせたい、人間関係をつくっていきたいと思ったら、まず自分が日常的に「感じる」ということに意識を向けたり、自分の感情をどれだけ大事にできるかということに重きを置いてみてください。

動物は本来、感じることを原動力として行動しています。「お腹が空いた」という感覚でご飯を食べたり、「眠い」という感覚で寝たりします。そんなふうに感覚と行動はセットになっていることが多いのですが、感じることをしなかったり、感情を無視したりすると、それにつれて行動も鈍くなるもの。本来の原動力となっている「感」が機能していないと、身体も動かなくなってしまうのです。

そのため、寝たいのに眠れない、朝起きたいのに起きられないなど、自分で思うような身体の動かし方ができなくなっていきます。逆に寝てはいけないのに寝てしまう場合も同じです。それらの症状は不眠、だるさ、鬱などと呼ばれ現代病とされていますが、おそらく毎日自分の感情や感覚をキャッチして適切に扱えるようになっていれば、そのような症状が出る人はもっと少なくなります。症状を緩和させるための服薬を考える前に、まずは日頃から自分の心を大事にしているだろうかと客観的に省みるようにしましょう。自分の心を大切にするだけで、自分の機嫌は非常に良い方向へ向かっていきます。

私たちの機嫌を左右する、快と不快の概念とは

「快と不快」という概念があります。自分にとっての快はいい感じ、不快はとても嫌な感じです。「好き嫌い」と何が違うのかよく聞かれますが、好き嫌いは感じるよりも頭で考えるもので、多少の「計算」が入ってきます。でも、快と不快は、頭で考えず首から下で感じているもの。快感や不快感という感覚は本能として人間の中にあるのです。たとえば、頭では「この人と仲良くなったほうがいい」とわかっていても、心がどうしても拒絶反応を起こしているなどという

経験はありませんか。
「ああいう経験はとても不快だし、生理的に受け付けない」というような表現をすることもあります。動物として生きている以上、自分の快／不快は、絶対的な部分を占めています。とてもお腹が空いているときに食べ物をたくさん食べられたら幸せだし、眠いと思ったときにスヤスヤと眠れたら幸せです。抗えない本能に抗わずに委ねることができているとき、人は快を感じます。

たとえば会議中に寝てしまったり、電車の中で寝てしまったりして乗り過ごしたことがある人は、おわかりいただけると思いますが、眠いと思ったときに眠れたときは、幸せを感じるし、心地いいですよね。快が不快を上回っているときに、心の状態が非常に良いコンディション、つまりご機嫌な状態になっているのです。

逆に不快が快を上回っているときには、私たちは不機嫌になります。一日を振り返ったとき、快と不快どちらが多かっただろうと思い返し、どうだったらもっと快を増やしていけるのか（もちろん会議中に眠るのはダメですが)、不快を減らしていけるのか自分で考えて実践することがとても重要です。

それができる人、つまりご機嫌そうにしている人の周りには、自然と人が集まってきます。何か特別なことがなくてもご機嫌な人は、関わりやすい印象を与えるので、ほかの人から好かれますし、不機嫌な人は、人が離れていってしまいます。

そのように自分の「ご機嫌コンディション」は、対人関係に大きな影響を与えます。人間関係でうまくいかないと悩んでいる人は、自分自身の機嫌をマネジメントすることから始めてみてください。驚くほど変化を感じると思いますよ。

快・不快を感じる場面

快と不快が機嫌を左右するものだとお伝えしていますが、それでは私たちは普段、快と不快をどのような場面で感じていると思いますか。

大きく分けて3つあります。圧倒的に大部分を占めるのが、「人に対する快／不快」です。職場や家庭でもそうですが、自分がよく関わっている人間関係の中で、「この人いいな」と思えるような人がその場に一人でもいるとご機嫌でいられます。

逆に、一人でもとても不快な人がいると、大きな「不快」を感じてしまいます。その一人の存在によって毎日その場所に行くのが苦しくなる、それでも笑顔を作って働かないといけない状態が続くと、心がどんどん苦しくなっていきます。そして不機嫌になってしまう、そんな悪循環に陥ります。人の快／不快は、私たちの機嫌に大きな影響を及ぼします。そうしたことに左右されないように自分に快を与える必要があります。

まずは、どんな人が自分にとっての「快」になるのか考えてみましょう。どんな人と一緒にいると自分は心地よさを感じられるのかイメージしてください。よく褒めてくれる、声をかけてくれる、常にニコニコしている、自分がこういう人と関わると心地がいいという人物像を思

自分の快・不快を整理しよう

LDA

	快	不快
人	いつもニコニコしていて穏やか 発言が前向き、共感してくれる 寄り添って励ましてくれる	偉そうでマウントをとってくる 不機嫌な態度 人の悪口や物事の不満をよく口にする
場所	都会の中の水辺、川沿いのカフェ 日比谷公園、高層階のレストラン	窓のない場所、地下、狭くて暗いところ、匂いがよくないところ
事	イベントの幹事をする、プレゼンなど発表すること、カラオケ	人と話さずに黙々と何かをする 単純作業が続くこと

い浮かべます。次に、実際にそういう人と積極的に交流するようにします。

逆にこういう人は「絶対無理」と思うような、自分が不快を感じる人はできるだけ避けて、最小限の接触で済むように考えて動くようにします。多くの人が「人を好き嫌いしてはいけない」「みんなと仲良くしないといけない」「どんな人にもいいところがある」と考えるべきだという心理が働くものです。その人のことを苦手なのに、苦手だと思ってはいけないと我慢して付き合っている人は多いと思いますが、自分が嫌いなら、それを認めてもいいのです。

不快については、いい悪いというよりも理性を超えた部分で自分の心が嫌がっているので、「このタイプの人は、無理」だと思いながら関わっているほうが、逆に自分の心理的安全性は守られます。意外に思われるかもしれませんが、「そうそう、私はコイツが嫌い」と思い、そう思うことを自分に許可して付き合っていくほうが、自分の心に嘘をついていないので苦しくならないのです。自分にとって何を快や不快と感じるのか、表に書き出して整理してみることをおすすめします。

自分にとっての「不快」とどのように向き合うか

嫌いだけど、今は仕事上、あるいは付き合い上必要だから付き合っているという、自分の心理を認めた上で、頭の中でどうすればその人となるべく接触せずに済むのかについて考えてみましょう。実際に接触しないようにすると、心が疲弊する度合いがかなり違います。自分の快／不快を把握しておくということはとても大事なことなのです。

とはいえ、職場が同じなど、どうしてもその場から逃げられない状況に嫌いな人がいる場合もありますよね。嫌いな人が、高い頻度で接触しなければいけない相手で、その人との関係が占めるウェイトが大きく、自分の中で不快が増幅するのは明らかな場合は、自分を快にしてくれる人間関係を見つけましょう。不快は快で相殺できるものなのです。

多くの人は我慢しすぎて、不快をのみ込みすぎています。不快を快で相殺できないと、不快がどんどん蓄積してしまい、身体に悪影響を及ぼすようになります。とはいえ、当事者に「あなたが嫌い」だと伝える必要もありません。相手のことを嫌だなと思ったときに、嫌でも「この人と上手く付き合わないといけない」と頭が「嫌だと思う気持ち」をねじ伏せようとします。そう思うことが社会人として、大人としてのふさわしい器であって、自分の器が小さいと思われたくないという恐れがあるからです。でも、「うわ、嫌だな」と思ったら、「嫌。ホント、コイツ嫌い」というふうに、自分の心から自然と湧き起こった感情を肯定するだけでも救われるものです。あまり深刻にならずに、快／不快のバランスを取りながら自分の機嫌をはかっていくことをおすすめします。

人間関係で不快なことがあったときに、自分が好きな場所、気分が上がる場所へ行くことでも、相殺されます。お気に入りの場所や好きな場所など、ここに来るとリセットされる、いい気分になるという場所を持っておくといいでしょう。私の場合は、水辺に行くと心が満たされるので、一人で過ごせる限られた時間は、川沿いのお気に入りのカフェに行ったり近所のスーパー銭湯で過ごしたりします。

講師を務めるセミナーの中で受講生のみなさんに「あなたが好きな場所はどこですか？」と聞くと、海や山、湖など色々な場所が挙がります。「では最近いつそこに行きましたか？」と聞くと、4年前という答えが返ってきたりします。そんなに好きな場所なのに4年も行ってないということは、「快の補充」ができていません。好きな場所に出かけて「快」を取りに行くのはあくまでも自分。誰かが無理やり連れていってくれるわけではありません。是非もっと快を感じられる場所に出かけていただきたいものです。

私はこの「快」を増やす行動を「プチ快増幅法」と呼んでいます。小さなことでも、これをするのは、とても大事です。ストレス解消になるような趣味の集まりや、一人旅だという人もいるでしょう。たとえば美味しいものを食べることなら、「私は精神的にしんどいことがあると、このお店のパフェを食べます。するとしんどさが一瞬でなくなるんです」という人もいるかもしれませんね。何かしらその人なりの快増幅法があると思うので、すり減った心をしっかりとチャージしてあげるといいと思います。

それと同時に、嫌な人や嫌な場所に触れる時間を少なくしたいものです。本当は嫌なのに誘われると付き合いで行ってしまったりすること、ありませんか。今は、若い世代の方がそこは断るのが上手かもしれませんね。職場の飲み会に誘われても、「それに行って何になるんですか？」とはっきり断ったりします。ただの飲み会に行くのであれば、家に帰ってゲームをしたりYouTubeやNetflixを観たり、好きなことをして過ごしたいという、自分の本能に忠実な感じがします。付き合いの飲み会といってももちろん自分が楽しめるのであれば出た方がいいし、バランスももちろんありますが、嫌いなら嫌いでいいと思います。でも、その一方で好きなものもちゃんと存在させたほうがいいということをお伝えしておきます。

不機嫌になりやすい人は、自分が不快になる情報ばかりが目に飛び込んでくる過ごし方をする傾向にあります。実際には、良いことも悪いことも同じくらい私たちの日常の中で起きているはずです。でも気持ちが不機嫌に傾いていると、不機嫌な情報ばかり拾ってしまい、よけい不機嫌になるという「負の不機嫌スパイラル」が起きてしまうのです。

自分をご機嫌にする方法

自分が不機嫌になっているという自覚がもしあったら、ちゃんと自分を甘やかす時間を用意してあげましょう。たとえば、大好きな人とご飯を食べに行くときに、何を着ていこうと考えたり、お店の予約をお願いされたら、どんなお店を選んだら喜んでもらえるだろうと一生懸命考えますよね。自分を甘やかす時間とは、それを自分のためにするのです。自分のためだけにするとなるとどうしても適当になってしまい、食べるものや着るものも「どうでもいいや」となってしまいがちです。

ですが自分をご機嫌にするためには、自分自身を憧れの人や大好きな人として「もてなす」感覚を持つことがとても大事です。そうすると、全てが「これでいいや」という投げやりな気持ちから、食器やお箸の選び方一つにしても、「これがいい」と思うものをきちんと選ぶという心持ちへ変わっていきます。「大好きな人にこんなボロボロのお茶碗で出せない。今、家にある食器は1個も出せない、恥ずかしい」というような感覚になるということですね。

自分のために、お客様に出せるような器を1個買いに行くことで、その器に会う料理を作って、綺麗に盛り付けて食事を用意してみようと思えるようになったりします。誰にも会う予定はないけど、大好きな人に会うような気持ちで身なりを整えてみるとか、それだけでも自分を丁寧に扱っているという感じになります。そういうことも、たまにで良いので（毎日だと疲れてしまいますからね）、自分のことも気を遣って大事にするという感覚を持って努力をすると、ご機嫌でいられると思います。これなら、隙間時間でできますし、誰かと予定を合わせる必要がないので思い立ったらすぐに実践できるのでおすすめの方法です。

休日は、今日は誰とどこで何をして過ごそうかと、自分の意思で決めていることがあると思います。これは自分にとっての快ですが、職場では、自分の意思では決められない状況で不快を感じるときがあります。例えば、平日、仕事をする中でこんな状況になると嫌だとか相手の態度や言動がこんな風だと不快になるというような自分の中で快と不快の境界線が自分でわかるようになると、午後から嫌いな人が参加する会議に出席しなければならないときでも、「今から不快ゾーンに飛び込むぞ」という心構えができるようになります。心構えができると、不快に感じる人が参加する会議でも、ある程度自分で防御ができます。

一方で、快の部分では自分が快になれるふるまいの基準を持って、快と不快の線引きができるようになると良いですね。人に対して一切構えることなく自分を出したり、人と関わることが自分にとっての快であることがわかっているなら、それを積極的にやってみる。逆に、仕事の不快、つまりストレスは趣味で発散させることができます。バッティングセンターやカラオケに行く、その方法は人によってさまざまだと思いますが、好きなことをするのがその人自身の機嫌に向き合えるのが解決できる一番いい方法でもあります。

不機嫌な自分や他人、どう対処する!?

自身の機嫌に向き合うには、まず自分の役割がどんなものか俯瞰してみることです。誰しも何かしらの役割を担っています。自分と親との関係であれば、娘や息子という役割、自分が親であれば母親や父親という役割と一人何役も日常生活でこなしています。その中で、「どの役割の自分」が不機嫌になっているかという点が大変重要です。

たとえば会社でとても嫌なことがあって、「会社員の私」が不機嫌なまま家に帰ってきた。そのとき、家にいたパートナーが脱いだ靴下をソファにそのままポンと置いたとします。しかもそれはいつものことだとしましょう。だけど、その日の私は、会社で嫌なことがあって不機嫌になって帰ってきたものだから、パートナーにイライラをぶちまけてしまった。そんなことってありますよね。それは、会社の不満やストレスをたまたま家で（この場合は）発散しているだけなんですが、非難された方からすると、「いつもやっていることなのになんで今日はキレるんだ？」と突然ボールを投げつけられたような気持ちになってしまいます。何を考えているのかよくわからないから、関わらないようにしようと距離を置かれてしまったり、逆に言い返されて険悪なムードになってしまったりということが起こり得ます。

職場で感じたストレスは、職場の、自分にストレスを与えた人と向き合うことで解消するのが根本解決であり、ベストな方法です。ですが立場上の問題や人間関係を悪化させたくないなどのさまざまな理由から、それができない人のほうが多いですよね。そういう状況にある時は、自分の中で不満や不快が溜まって不機嫌になった状態を作り上げてしまい、それをほかの人にぶつけてしまうかもしれない種を持っているということになります。もしその不機嫌さを自宅に持ち帰ってしまった時は、パートナーの言動に非難や反論という形で出してしまうのではなく、「実は今日会社でこんな嫌なことがあって、私は今、とても機嫌がよくないから、家の雰囲気を悪くしたらごめんね」など、自分の現在の状況を相手に説明することで、理解してもらうことができます。

私自身も、外で色々あって機嫌が悪い状態で自宅に帰ってきたときには、その苛立った雰囲気を家族は察するでしょう、子どもたちが私に対して「なんか今日のお母さん怖いぞ」と恐れおののいている感じがします。この場合は、「私は確かに機嫌が悪い。だけど、それは君たちのせいではないよ。外で色々あってこうなっているから、気にしなくて大丈夫」という風に伝えると安心してくれます。不機嫌は伝染していくものなので、先ほどの靴下の例だと「洗濯物にちゃんと入れておいてよ！」とキレてしまうと、「なんなんだよ、お前だっていつもさー」のように話が膨らんでいってしまいます。でも、今日会社で嫌なことがあって、機嫌の悪さが解消されていないまま、帰宅して、ソファに置かれた丸まった靴下を見たときにイライラがブチっとはじけてしまったと事情を説明されると、相手も納得してくれるかもしれません。逆に、プライベートがうまくいっていないとき、例えば家庭で喧嘩をして不機嫌なまま出勤した場合など、職場で機嫌が悪くて周囲の雰囲気もずっとピリピリしているというケースもあります。今抱えているのは、どの役割の自分の感情なのか、どの自分が抱えている不機嫌さなのかを特定して把握しておくことが大事です。

それができていないと、無関係の人に突然不機嫌の矛先が向いてしまいます。もちろん逆に、誰かの不機嫌が自分に向けられることもあります。不機嫌を受け取る側になってしまった場合は、「この人の人生における色々な役割のどこかで今、何かしらのアクシデントが起きているんだろう」と思ってあげると、自分とその人の感情の間に線を引くことができます。「この人が不機嫌であるかどうかは、私には関係がなく、この人が今抱いている負の感情には巻き込まれない」と周囲の人が判断できるようになってくると、自分とは関係のないことだと切り離して考えられるようになります。

私の子どもたちは、私の不機嫌さが最初は自分のせいかもしれないと思っているからおっかなびっくり関わってくるのですが、不機嫌の原因は外で色々あったせいであって、自分のせいではないと言われた瞬間ほっとして、「何かできることない？」などと聞いてくれます。肩を揉むとか、家事を手伝うなど、優しくしてくれることも。そんなふうに周りの人たちは自分が関係ないところで困っていたり、何かコンディションがよくなかったりすることがわかると、サポートをしてあげようとするものです。不機嫌そうな人には近寄らないようにするのではなく、感情の線引きをした上で、自分がその人のために何かできることはないかと話しかけてあげると良いでしょう。言われたほうは気にかけてもらっていることが嬉しくて、不機嫌さが治るかもしれません。

特に現代は、仕事だけ充実していればいいという時代ではありません。SNSを開けば誰かの充実したプライベートライフが目に入るし、雑誌などでも、「仕事も家庭もHappy」というような特集が組まれ、仕事もプライベートも両方うまくいっている方が憧れの対象として登場します。人を評価するポイントが、以前は仕事で成果を出していればOKだったのですが、今はそれ以外の側面にも気を配る必要が生まれているのです。

SNSなどでさまざまな他人の情報が簡単に手に入るようになったことで、自分の「今」と誰かの「今」が簡単に比較できるようになりました。どれだけ自分の人生がうまくいっているように見せようとしても、上には上がいるので、きりのない息苦しさを感じている方は多いと思います。でも、人生における全てのことがうまくいっている人なんて本当に一握り、いえ、むしろいないと言っても良いでしょう。そもそも人間は誰とも一緒ではないように生まれてきています。比較すること自体、本来意味がないことなのですが、決まった基準で評価が下される学校や職場などでは、その評価基準に自分を当てはめて考えていくとどんどん窮屈になっていってしまいます。

ご機嫌も不機嫌も、周りにも広がっていくもの

人間の脳の中に「ミラーニューロン」という細胞があります。別名「ものまね細胞」とも呼ばれているものですが、人はその「ミラーニューロン」の働きによって周りの人の状態に影響されやすくなっています。そのため、ご機嫌な人の側にいると自分もご機嫌になるし、逆に不機嫌な人と一緒にいると、脳もそれを真似して不機嫌になりがちです。人間の中にはそういうメカニズムが自然と備わっているのです。

自分で自分をご機嫌にすることを、「自分のわがまま」だと捉える方も結構います。自分で自分を甘やかして、自分でもてなすなんて、そんなことやってどうするの？　という考えの人も一定数いると思います。でも、ニューロンのものまね細胞はみんな持っているので、自分がご機嫌よく過ごしていればやがてそれが広がっていき、周りに良い影響を与えます。そう考えると、自分がご機嫌でいられることは自分のためだけでなく、周りにとってもプラスなことでもあるのです。

ここで実際にあったお話をしましょう。ご機嫌になる方法を実践していた人の実例です。他の人の悪口ばかり言うグループがあり、その状況が嫌だと思っているのに、その人はそこにいるしかないという状況にありました。でも、嫌なのに無理して付き合っているのは、完全に「不快」なことです。そこでその人たちとは少し距離を置くことを心に決め、自分にご褒美をあげたりするなどして自分がご機嫌になれるように過ごしていくようにしました。すると、そのグループ内でやっかみを受けるようになったそうです。最初は傷ついたそうですが、逆にそれがきっかけでそのグループからは抜けることができました。代わりに、そのご機嫌でいる努力をしている姿を見た人たちから声がかかるようになり、今は本当に平和な気持ちで過ごせているそうです。これは自分と同じように、ご機嫌でいる努力をしているような人たちと付き合えるようになったためです。

以前のグループの一員でいれば、攻撃されることも痛みもなく、そのままそのグループにいられたと思いますが、そこで勇気を出して行動を変えたことで、自分が望む、自分を快にしてくれる人間関係を手に入れることができた例です。

こうした例は、職場にも応用できます。勇気を出して実践している人のことを見ている人は見ているし、類は友を呼ぶと言われるように、ご機嫌な人も周りに集まってきます。不快の捉え方は、人それぞれだと思いますが、そのことを考えただけで身体が重くなったり動悸が速くなったりするのは完全に不快を感じていると断定できます。

その一方、不快と混同されやすいのは、「面倒くさくてしない」ようにしていることです。心の底から嫌なのか、ただ面倒くさがっているだけなのかは線引きが難しい部分ですが、先程のグループを抜けられた人の例でいうと、下手に動いてあれこれ言われるのが面倒くさいと思っているうちはまだ不快のレベルには達していないということになります。でもその「面倒くさい」よりも「もう無理」だと思うようになったら、すでに不快のレベルにまで達しているということになります。どうにかその不快を軽減できるような選択ができるようになれば、メンタル不全を防げると思います。

「メンタル不全」とは、不快を軽減できない状態が続くと、メンタル面でダメージを受けてしまうことをいいます。心と体はつながっているので、心の不調の次に身体にも不調がでます。しかも多くの「面倒くさいこと」は「大切なこと」であることが多く、大抵のことは放置せず、やったほうがいいことでもあります。でも逃げる気持ちが先に立ってしまって、「やったほうがいい」とも思えず、「私じゃなくてもいいだろう」とか考えるだけで憂鬱な状態にまでなります。でも嫌なのに無理をして、やった方がいいと思ってやり続けると、「眠れない」「起きることができない」など、本格的に体が動かなくなってきます。実は、こういう人は今、非常に増えていて、産業カウンセラーや心療内科の予約は、3か月待ちの状態です。これは、不快である気持ちを無視して、自分をいためつけてしまっている人が多いことの表れだと思っています。

私たちの身の回りには、面倒くさいけど大事なことはたくさんあります。そしてその多くは「した方がいいこと」です。でも先程の人間関係の例のように、不快である上に、特にその人間関係がなくなったところで困らないようなものは早めに手放すべきだと思います。そして、まだそのレベルに達していない「面倒くさい」ことでも、快が不快を上回るという状態にしたいのであれば、我慢をする必要はありません。できるだけ苦手なことややりたくないことを手放していったほうが、その分、自分を大事にしてご機嫌にできたり、自分の得意なことで誰かの役に立てたりできるようになります。

では、心理的安全性のある場所とはどういう場でしょう。本当に無理な場合は、「やっぱりできません」とか、「やりたくありません」ときちんと伝えられる状況にあるということだと思います。常識の範囲であるという前提はもちろんありますから、単に「嫌だからやりたくない」ではなくて、「こういう理由があって引き受けることができません」と表現できる環境が大事です。もちろん、安心感がある場所でなければ表現できないことです。あなたがいる場所が、そういう場になっていれば快がちゃんと存在できる場所ともいえますし、そういう場になっていることがとても重要です。

日本人は嬉しいという感情を表現するのが苦手のように思います。「ありがとうございます」とか、「あなたと一緒に仕事ができて嬉しいです」など何でもいいですが、特にそういう快の部分を表現しにくい、言わなくてもわかるだろうと思いがちです。その点では、海外の方が積極的に表現しますし、ハグや握手をするのが日常的です。そこまでのことはしなくても、ポジティブな声がけなどを通して快の感情を伝えることで、相手の安心感を各段に高めることができます。嬉しいことを嬉しいと言えて、嫌なことを嫌と言い合えるようになれば、安心感のある関係性になっていきます。

YouからIへ切り替える実践

このように自分の感情を伝える文化は、誰かが先陣を切らないと作られていきません。自分をご機嫌にするだけでなく、周りの人たちも一緒にご機嫌にするつもりで率先してやってみるといいと思います。2章でお伝えした、自分を主語にする「Iメッセージ」の練習だと思ってやってみるのもいいでしょう。どうしても「あなた」を主語にしたYouメッセージで話してしまいがちですが、主語を言い換えるだけですぐ実践できるので実は簡単なんです。

例をいくつかご紹介します。

- **あなたはよくやっている**
- **あなたはもうちょっと頑張ったほうがいい**
- **あなた素敵ね**
- **あなたかっこいいわね**

これらはすべて主語が「あなた」から始まるＹｏｕメッセージです。褒め言葉ですが、実はこれは相手を評価しているという意味合いが無意識に相手に伝わってしまいます。

反対に主語が「私」で始まる「Ｉメッセージ」は、

・私は、あなたが本当によくやっていると思う
・私は、あなたはもっと頑張れる人だと思う
・私は、あなたのことを素敵だと思う・かっこいいと思う

と言うように、自分の主観として思いを伝える方法です。

主語が「私」になると、その人の見解、その人の気持ちや意見という意味合いが強くなり、相手に「自分が評価されている」とは受け取られることなく、その人がそう思っているという形で相手に伝わります。そのため、この人は私のことをこんなふうに思ってくれているんだなと感じ、相手の言葉をより受け取りやすくなっていくのです。自分を評価されたり値踏みされたりするような関係性ではなく、感じたことをストレートに伝え合える、そんな関係性が「気持ちいい」と感じる人は多いはずです。

そして思いをストレートに伝える時も、あなたの評価に関係なく「今、私はあなたに対してこう感じている」ということを素直に伝えることができ、それに対してどう感じたかを自分も「Ｉメッセージ」で返すことのできる関係性を作っていけたら、とても深い心理的安全性が存在する場になるでしょう。

ではここで少しＹｏｕメッセージをＩメッセージに言い換えるワークをしてみましょう。いくつかの例を出しますので、主語が私のＩメッセージに言い換えた文章をつくってみてください。

・（あなた）目ヂカラがあるよね
・（あなた）癒し系だね
・（あなた）輝いてるね

・（あなた）勘が鋭いね
・（あなた）心が広いね
・（あなた）面倒見がいいよね

これらを言い換えてみると以下の通りになります。

・目ヂカラに（私が）ドキドキする
・（私が）癒される～
・輝いてて（私が）眩しい
・勘の鋭さに（私が）驚くよ
・（私は）心の広さを感じる
・面倒見がよくて（私が）助かる

自分が普段、何気なく使っている声掛けがＹｏｕメッセージかもしれないと気づいた方は、意識的にＩメッセージを使うようにしてみてください、自分の言葉が相手に届く感覚をより一層感じられると思います。

感情は心の生理現象

他人とコミュニケーションを取る上で、「あの人のせいで私がこんな気持ちになっている」と思うことはないですか？　でも、実は誰かのせいで湧き起こる感情なんて存在しません。先程述べたように、どこかの役割の自分が持っている不満や不快が別の状況で出てきてしまっているだけのことなのです。先程の靴下の例で言うと、本当は職場にいる誰かのせいで不快になっているのに、それが言えないからその心のくすぶりを自宅に持って帰ってきてしまった。そこに、たまたまパートナーが脱ぎ散らかしていた。パートナーに「あんたが私をこんなふうに不機嫌にしている」という感じで八つ当たりしてしまう。でも元の不満、不快の原因は、パートナーではありませんよね。これと同じようなことが世の中にはたくさん起きています。

蓋を開ければ、職場の不満をその場で解消できなかった自分の責任かもしれないわけです。ですからパートナーにとってみれば、本当に迷惑な話。自分の感情は自分自身でしか取り扱うことができません。自己責任です。誰かのせいでこういう気持ちになるという理屈は通用しません。ですが「感情」は、取り扱いがよくわからないもの、そして自分で触れるのは厄介なものとして認識しがちです。

人間は汗をかいたり、涙を流したり、お手洗いに行ったりするなど、生理現象を用いて身体の状態を正常化していますよね。感情というのはそれの「心バージョン」だと思って下さい。何もなくても湧いてくる感情はあるし、何かがあって湧いてくる感情もあります。それと同じように、私たちは何もなくてもトイレに行くけど、前日暴飲暴食したりしたら、トイレに行く回数が増えます。何か行ったことの結果としてそうなるというだけで、別に誰かのせいでトイレにいきたくなるわけではありません。飲み食いしたのはあくまでも自分。それが原因でトイレの数が増えたり便秘になったりしただけのことです。

感情も心の生理現象と捉えると全く同じことがいえます。誰かに嫌なことを言われても言い返せず、モヤモヤするという場面を思い浮かべましょう。例えるなら「誰かに『これを食べなさい』と言われて、嫌だと言えず、食べたことで下痢や便秘になってしまった」というような状態です。その食べ物を断るという選択は自分でできたのにそれができず、その結果モヤモヤとした感情が出てきてしまったということですね。そのモヤモヤした感情を上手に外に出すことで自分の心の状態を正常化しようとするのが感情の働きだとイメージしてください。お手洗いに行ったときに、大きいものを出すのと小さいものを出すことに関して、その良し悪しの基準などはありません。なぜなら、どちらも出すことは大事だからです。

感情にも、ポジティブな感情とネガティブな感情があります。多くの人は、ポジティブな感情はよくて、ネガティブな感情は悪いと思いがちです。でもそれは、トイレで小はよくて大は躊躇するというのと全く同じです。すでにお気付きかと思いますが、感情に優劣はありません。どちらも私たちの心の状態を整えるために、感情を出すことが必要だから出てきているのです。野菜を食べたらスルッと気持ちよく、ジャンクフードを食べすぎたら臭いの強いものが出てきたという身体の現象と同じです。

私たちは、「感情」の扱い方を教わっていないので、多くの人は、理解できない、理解しようともしないまま心のブラックボックスの中に閉じ込めてしまいます。その閉じ込めて蓋をしていたものが、何かの拍子で、ある日突然爆発してしまうことはよくあります。ＳＮＳなどで問題になっている誹謗中傷もその１つです。書き込む人たちは、現実世界ではいい人として日常を過ごしている人たちかもしれません。でも何かの拍子に溜まりに溜まった、いわば「便秘」の状態だったものが、ネット上に出てきてしまうのです。

身体に置き換えて考えてみましょう。「大きいほうをしてはいけない」と言われて我慢したら、お腹が痛くなります。その後、そのときは出さない、出せなくても、結局溜め込んだものが出ます。それと同じです。こまめに出すことが大事なのです。これはその「出し方」の問題で、もよおしたその場で出すわけにもいきません。漏らしてしまうと周囲の人に迷惑がかかります。思ったことをすぐ口に出すことは、その場で漏らしているのと一緒です。感情を勢いにまかせて人にぶつける行為は、自分がもよおして出した排泄物を投げているのと同じです。

私はこれを「ゴリラ現象」と呼んでいます。その理由は、ゴリラはたまに自分の排泄物をつかんで相手に向かって投げる習性があるからです（これは、動物園にいるゴリラに限ってのことで野生のゴリラでは起きない現象だそうです。ゴリラは、排泄物を投げることによって動物園に来た人たちが驚いて逃げるさまを面白がっているのだそうです）。私は、感情が暴走している人のことを「あの人ゴリラになっちゃった」と思いながら見ていることがありますが、自分自身を振り返り、ゴリラと同じことを人に対してしてしまっていることに気づく人もいます。

とはいえ、人の迷惑になるからと感情をずっと出さずに我慢していると、排泄と同様に身体によくないことです。私たちは普段トイレに行きたくなったら、トイレのある場所まで我慢して、ちゃんとトイレで出しますが、感情もそれと同じように扱って欲しいのです。その場で出すのは少し考えものですし、出したものを誰かに投げつけるなんてありえません。とはいえ、ずっと出さないのも心身にとってよくありません。大切なのは、安心して出せるところに行ってから出すことです。

感情の上手な出し方とは

安心して感情を出せる場所は、行きつけのバーでも、心を許せる友人の前でもいいのです。でも、それは目の前の人に向けて自分の感情を吐き出す行為なので、一歩間違うと排泄物を投げているのと同じになってしまいます。言いたいことを言いたいときに言えたときは、自分の中にその時感じた悲しみ、怒りなどの感情は残りません。だから、すっきりします。でも、言いたかったタイミングで言えずに我慢してしまったら、自宅に帰ってから改めて言いたかったことを口に出す方法をおすすめします。

やり方はこうです。自宅で、もし外であれば誰にも聞かれないような場所に行き、トイレの個室に入ります。そこで感情を出します。家族や他の人もいると「どうした？」と思われるので、できれば一人になれるタイミングがいいでしょう。家族が周りにいる場合は口に出さずに紙に書いてみるのもおすすめです。日記のようにきちんと書く必要はなく、「ばかやろー」と書くだけなど、形式は何でも大丈夫。自分がそのときに思ったのに相手にぶつけられなかったことを言ってみたり書いてみたりすると、吐き出したいときに吐き出しているわけではないので時差はあるけど言えたことになるので、ちょっとスッキリします。相手に直接思ったことを言わないと伝わらないから意味がないと思うかもしれませんが、この方法でも自分の中にたまった気持ちのモヤモヤはかなり解消されるので、ぜひ実践してください。10年前に言いたくても言えなかったことを、この方法で実践して、解消した方もいます。

また、例えば自分の親に対して、ずっと思っていたことがあったけど言えないまま、年月が経ってしまった方のケースもあります。「言いたかったことをトイレに出して水に流す感覚で出してみましょう」とお伝えすると、それまで言ってはいけない、出してはいけないと思って、ずっと抱え込んできたものを出したときに「涙が止まらなかった。体が震えた」という人もいます。

自分がいかに自分の気持ちに蓋をし、我慢をしてきたのかということに気づいて、顔が真っ青になったり唇が紫になったりする人もいました。その人はガタガタとして「震えがきました」と言うので、「大丈夫です。それは感情が解放されているということですから」と言葉をかけてあげました。こういうケースもあるように、自分の心の外に出さない限りずっと残っています。溜めてきたものを減らすことによって自分自身もとても軽くなるし前向きになれます。

言いたかったことは、絶対に本人を目の前にして言わなければいけないことでもありません。先程のミラーニューロンの原則で言うと、自分に攻撃的な言葉を投げられると自分も攻撃的な言葉を返したくなるので、人に向けて投げているとそのボールのやり取りは終わりません。負の感情のキャッチボールが永遠に続くことになってしまいます。

次に知っている人がいないところに行き、自分自身で自分の感情を精算する、「成仏」と呼んでいる実践法もご紹介します。感情を成仏させるつもりで、自分の中から外に出してあげるのです。誰かにぶつけないので、誰かを不機嫌にすることもありません。感情を溜め込むのをやめて一日一回自分の気持ちと向き合い、「今日こういう気持ちになってちょっとネガティブな感情多かったから、成仏させておこう」という感じで、その日の小さなモヤモヤをその日にちゃんと解消して一日を終えることで、コンディションが整います。

モヤモヤの原因を見つける方法

とはいえ、自分はその日何を感じたのか、何を思ったかなど具体的に把握するのは難しいものです。私が代表理事を務める一般社団法人心理的安全教育機構（ＰＳＥＯ）では「エモトーク®」という心の状態を把握するツールを使い、心の状態を整える手法をお伝えしています。やり方は簡単です。その日に感じたあなたの気持ちに近いものを、50個のイラストの中から選びます。（カバーの裏側をご覧ください。カラー版の50個のイラストがあります）

あなたの気持ちを実際に選んでみてください。

いかがでしょう？　このエモトークを使うと、自分にとってはこういう日だったというのが視覚的にはっきりとわかります。これは表が25個ずつ左右に分かれていて、左半分はポジティブな、右半分はネガティブなイラストが集まっています。ぱっと見たときに、その日どちら側に目がいくかでその日の自分の状態がわかるようになっています。たとえば、私は昨日右側ば

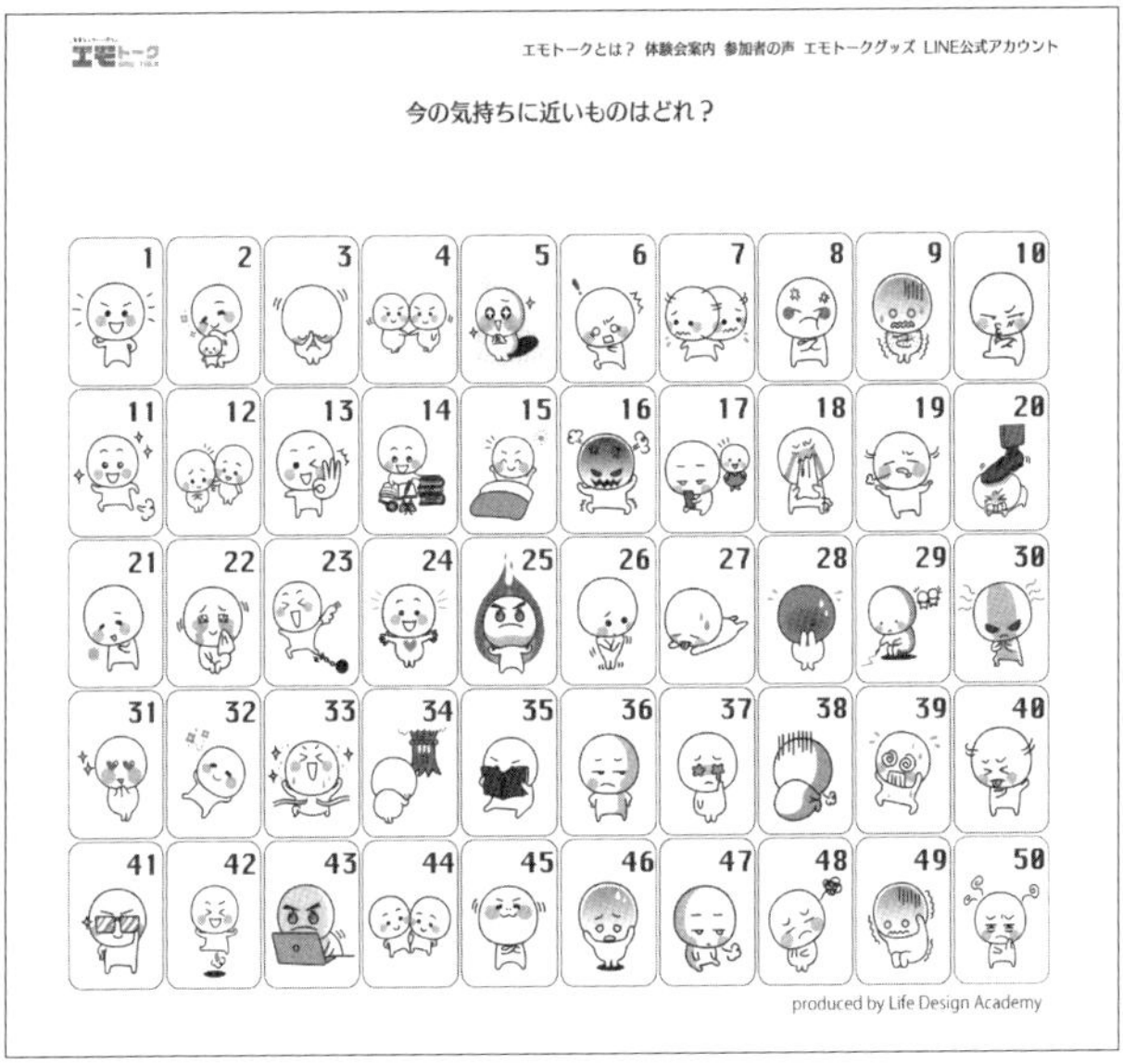

こころを育てる「エモトーク®」(emo-talk.com)

かりに目が行ったので、感情を水に流す「感情の成仏」が必要でした。どうやって成仏させたかというと、夜にブツブツ一人で「本当にやってられない、なんなんだよ」というような独り言を言っていたら、翌朝は、イラストの15番のような感じでスッキリと起きることができました。成仏成功です。

このエモトークのメリットは、自分の今の気持ちに似たイラストを選んで「そうだ、自分は今、こんな気持ちでいるんだ」と認識できること。そして自分の気持ちを自分で理解できること。これはまさに自分自身の心理的安全性を自分で守るということに繋がります。エモトークを使うことによってその日のコンディションを整えることができ、さらにこれをみんなが使って整っている人が集まれば、自然とその職場にはご機嫌な人が集まっているということにもなります。エモトークを活用した研修なども行っていますので、ご興味のある方はＨＰをご覧になってください。

その日の不機嫌を翌日に持ち越さないようにすると、コンディションに大きな影響は出てこないものです。私は周りの人に「いつも楽しそうですよね」、「機嫌よさそうですよね」などと言われますが、それは、その裏でたくさん気持ちを成仏しているおかげでもあります。でも、別に誰にも迷惑をかけているわけではなく、私自身それをすることでとても元気でいられるので、非常に良い方法だと自信を持っておすすめできます。

心がモヤモヤしているとき、私は「部屋が臭い」と表現します。部屋の中がなんだかにおうけれど、どこがにおいの元なのかわからず、元を断てないのでずっとにおい続けます。その状態が心にモヤモヤがある状態だと思っています。

でもエモトークのイラストを選ぶことで、自分の気持ちが見かります。つまり臭いの元が特定できるのです。悪臭の元は、キッチンの生ごみや、トイレの横にあるゴミ箱の中身を捨てていなかったからだったとしたら、そのゴミを捨てたり、ゴミの日じゃなければ消臭剤をかけたりして対処ができます。同様に、感情についても何がモヤモヤしているのかがわからないと対処ができませんが、モヤモヤの理由がわかると、それに対して気持ちを晴らしていくために何をすればいいのかを考えることができます。そもそもなぜこんな気持ちになったんだろうと冷静になって考えると、「そうだ、あの出来事が原因だ」と突き止められます。次に、自分の中であの時「ふざけるな！」って言えたらよかったというように、成仏させることもできます。

身体の不調も同じですが、何が原因かがわからなければ対処のしようがないということです。何をすれば良いのか、それすらもわからないとお手上げになってしまうので、まずは自分の感情にジャストフィットじゃなかったとしても近いものを見つけることが大事です。これかもしれないという源を見つけてそこにアプローチすれば、モヤモヤをほったらかしにせず、自分で対策をとれたという安心感も生まれます。

自分を褒め上手＝他人のことも褒め上手

前の章の「自分をご機嫌にする方法」で紹介した、「自分を憧れの人として扱う」に戻ってみましょう。憧れの人から「どうしたの？」とか「今日何があったの？」など気持ちが塞がっていることに気づいてくれて、気にかけてもらったら嬉しいですよね。それを自分で自分にやってあげることに、大きな意味があります。自分の一番近くにいるのは自分です。自分に今日どんなことがあったのかと関わっていくことで自分に対しての安心感も上がっていきます。それができて気持ちが整い、余裕ができると、今度はほかの人に対してそれができるようになっていきます。自分のコンディションがよくないと、人にもやさしくできませんからね。

私たちは日頃、なんとなく一日の中でこれ「で」いいやという選択を重ねがちですが、これ「が」いいとか、これ「が」嫌だという自分の意思表示と、自分の意思でそれを選択しているという感覚を持つことはとても大事なことです。人間関係の基本は、自分との付き合い方が全てです。自分にやさしくできる人や大切にできる人は、ほかの人のことも大切にできる人です。逆に自分を大切にできない人は、人のこともあまり大切にできません。

なので普段、あなたが自分に対して何を言っているか考えてみましょう。

例えば、

私って、〇〇。

という文があるとしたら、あなたは、〇〇にどんな言葉があてはまりますか？

私って本当だめ
私って大したことない
私ってイケてる
私って可愛い
私って素晴らしい

往々にして日本人は、自分のことを「私は素晴らしい」と言う人のことを「アイツ何言っちゃってんの」と冷めた目で見がちです。でも海外では、自分で自分のことを褒めるのはごく普通のこと。以前観たテレビの企画ですが、街頭インタビューをして「30秒間で自分を褒めるキーワードを出せるだけ出してください」と言うと、日本人の平均は2～3個でした。どの人もしばらく考えて、「いやーまあ、そうですね」などとお茶を濁して終わってしまいました。ところが海外編として、同じ質問をニューヨークのタイムズスクエアで同じ年代の人たちに試みたところ、「見て可愛い私のお尻」とか、「ここのほっぺが最高でしょ」というような言葉がたくさん出てきていました。

堂々と自分の素晴らしいところを表現できなければ、ほかの人のこともうまく表現できません。日々の自分への声掛けとして使っているような言葉でほかの人を安心させているか、声掛けしているかというのが鍵になります。逆に自分に対して褒めてあげたいけど言えずに、それを人に求める傾向があります。世の中には、誰かに褒めて欲しい人たち、「褒めてほしいゾンビ」が増殖しているので、誰も褒めてくれないなら自分でやればいいのです。

以上、他人との心理的安全性を築くには、まず自分と向き合い、感情を上手に扱い、コンディションを整える＝自分をご機嫌にすることから始めることが大事だとお話ししました。

次章では、いよいよ他人との関わり方についての実践編を解説していきます。

第4章

心理的安全性を築くための実践

人とのコミュニケーション編

前章では、心理的安全性のある関係を築くために、まずは自分と向き合い、自分をご機嫌にしていくことを学びました。自分の状態が整い、準備ができたら、次のステップとして次は「他人と向き合う実践編」に入ります。第2章で学んだように相手の心の扉が開いてさえいれば、心理的安全性の高い関係性は作れます。この章では、対個人のコミュニケーションにおける心理的安全性が高い場所作りについて学びます。

人材が辞めない職場づくりのために心理的安全性は必須

職場で上司や部下、先輩と後輩という上下関係において、パワーハラスメント、モラルハラスメントのように「〇〇ハラスメント」と、言われやすい人と言われにくい人がいます。同じ内容のことを言っても、この人が言うと冗談として受け止めてもらえるけれど、この人が言うとハラスメントとして受け取られてしまう。そんなことってありませんか？　両者の何が違うのでしょう。これは、言われた相手の心の扉をちゃんと開けているかどうかの違いではないかと私は思っています。心が閉じている状態で言われると、たとえ好意で心配からかけた言葉であってもハラスメントだと受け止められてしまう可能性が高くなってしまいます。「〇〇ハラスメント」という言葉を恐れる前に、人間関係の構築をしっかりとしていくということが大事です。

それがまず1つの大前提で、上司から部下への関わり方は、お互いの信頼が土台です。実は、愛情表現には2種類あります。1つは「信頼」。もう1つは「心配」です。

そして、「心配すること」が愛情表現だと思っている上司の下で働いている人たちは、精神的に負担を感じやすくなります。家庭でいうと、過剰に心配しすぎる親を持つ子供と同じですね。常に自分は心配されていて、常に何か足りなくて、常にできていない人という土台で仕事を任されていると、何をするにも自信がなかったり、いま自分がやっていることが正解なのかわからなくなってしまったりするのです。

逆に、「信頼」が土台であれば、仮に仕事上ミスをしてしまっても心理的安全性があるので、長々と落ち込んだり、萎縮したりしません。落ち込んだとしても、すぐに気持ちを切り替えて、立ち上がれます。もちろんミスはしないほうがいいですが、自分が「できる人」として扱われている場で、信頼してくれる関係であり、信頼してくれている人に対しては自分も信頼に足るべき人間でありたいという心理的作用も働くので、もっとできるようになろうとする成長にもつながります。

ただ、人によってはあまり「信頼しているよ」、「期待しているよ」などと言い過ぎると、結果的にプレッシャーで潰れてしまうこともあるので、さじ加減がとても大切です。上司と部下だからというよりは、個人の性格や個性を考慮してあげることが必要です。プレッシャーに弱い人は心配されるほうが愛情を感じて、「大丈夫？」「困っていることはない？」などと言われると心を開いてくれる傾向にあります。

逆に、信頼されるほうが伸びるタイプの人は、あまり心配しすぎると「自分のこと信じてくれているのか」と思ってしまいます。その人に合わせた声がけが非常に大事になってくるので、後述する「タイプ別声がけに関する解説」を参考にしてみてください。

一般的には家庭において、親は子どもを心配しやすいもの。でも愛情があるから心配しているというのは親の言い分で、子どもからしてみるといつまでも過剰に心配されていると親離れできなかったり、一人前になれなかったりします。「あなたはもう大丈夫だから思うようにやりなさい」と言われた方が、子どもたちは伸び伸びと、さまざまなことにチャレンジしていけます。

職場でも同様で、「うちの部下は動かない」という状況にある場合は、その職場に「心配」という土壌ができてしまっているのかもしれません。でもそれはやはり、上に立つ人間がどれだけ信頼の先にある責任を持てるかということに直結します。「何かあったら全部私が責任を取るから、自分なりに考えてやったらいい」と言ってくれる上司の下で働いている部下は、本当に伸び伸びできるものです。逆に自分が責任を取りたくないためか、何かと「あれはどうなった、これはどうだ」と心配しすぎる上司もいます。そういう上司は「うるさいオカン」と一緒です。子どもに反抗期がきて、そのうち出ていかれてしまうということになりかねませんから、できる限り信頼の言葉をかけましょう。

そして注意したい点が信頼と放任は異なるということ。職場においては、業務の中に「現在地」と「目的地」と「通過点」があると思うので、それぞれの状況がどうなっているのかと、最低限の通過点だけは、上司も一緒に確認する必要があります。その間の細かいことに関しては、部下に任せるほうがよいでしょう。その上司のさらに上司が存在している場合など、階層が多くなるほど難しくなるかもしれませんが、できる限り人が育つ環境や心理的安全性の高い場を作るには、そのための器を作れるような上司のふるまいが大事なんです。

一方、部下のほうも、「もっと自分たちを信頼してほしいです」と声をあげたり、「確認事項は確認していただくので、あとは自分たちの裁量でやらせていただきたいです」などと自分からアピールしたりすることも必要になってきます。言われたことをただそのままやるのではなく、どうすれば自分という存在がポテンシャルを発揮して、この仕事に挑めるかをちゃんと上司と交渉できるような人であれば、どんな場所でも（よほどブラックな環境でなければ）自分でそういう環境を作っていけるものです。

でも大体は、「上司のせいでうまくできない」とか「部下のせいでうまく回らない」など、お互いのせいにしているケースがほとんどです。でも自分でできることはやれるはずです。そして、どうすればそれが改善できるのかと考えられる人材じゃなければ、いい仕事はなかなかできません。良質な人材が辞めない、長く働き続けられる職場作りをするためには、やはり心理的安全性を高め、お互いの意見やこの気持ちをオープンに伝え合えることが必須課題なのです。

上司はコンディション調整を、部下はスルースキルを

上司のコンディションは、職場の雰囲気にダイレクトに影響しますから、上に立つ人間のメンタルを整えることがとても大事です。なぜなら全てのシワ寄せが部下に行くからです。部下側も、上司が自分のメンタルを上手に扱える人であるかそうでないかによって、聞き入れるべき指摘なのか、ただの八つ当たりなのかを線引きをすることができます。つまり、部下は、相手（ここでは上司）の感情的な攻撃を受け取らないという選択肢を取るのです。でも、それができなくて全部自分に対して向けられた言葉だと思うと、会社に行けば行くほど元気がなくなってしまいます。そのため、受け取る側の賢さ、「スルースキル」のようなものも非常に大事に

なります。真正面から受け取ってしまう傾向のある人は、第2章でクッション言葉としてご紹介した「そうですねー、なるほど」などの言葉を駆使してスルーできるようになりましょう。上司側は、第3章でご紹介した自分をご機嫌にしてコンディションを整える方法を実践して、感情のコントロールをうまくできるようになっていただきたいです。

全てにおいて、受け取る側の受け取るスキル、伝える側の伝えるスキルが共に高まっていけば、居心地が良く、心理的安全性の高い環境になっていきます。そうすれば、いくら負の感情を投げられても軽やかによけることができます。よける方も「今日はこんなよけかたしてやったぜ」と、絶対当たらないぞと思うようになれて楽しくなったりします。本当は相手から投げられないのが一番ではありますが、相手を変えずに自分を変えようと思うと、ここが大事なポイントになってきます。

心理的安全性というのは、自分と相手との関係においてもそうなのですが、自分もその場を楽しめているのか、その場に対して心を開いているかという、人とではなく「場と自分との関係性」を作っていくことでもあります。もし嫌だと思う人がいても、その嫌な部分をスルーして場を楽しめていれば、その場に対しての心理的安全性が保たれていることになります。不快に感じることが１つでもあると、ほかの快なことがかき消されてしまうので、嫌な人とはできるだけ一緒にいないほうがいいです。それでもケラケラと笑って不快をスルーできるようになってくると、最強の心の状態に近づいていきます。どんなときでも楽しめる力は、特にこの不安定な時代の世の中においては、非常に大切なスキルになります。相性の悪い上司よりさらに嫌だと感じるような人物がどこかにいるかもしれませんし、それにより心がダメージを受けることがあるかもしれませんから、その中でも立ち上がっていく力を日頃から身に付けておきたいものです。

不快を上手にスルーして、どんな状態も受け止められる心の様子は自動車のハンドルでいうところの「遊び」のようなものです。遊びがない立ち振る舞いは、自由にコーナーを曲がりきれずに真っ直ぐ行き過ぎてぽっきり折れてしまいます。心に置き換えると鬱になってしまったり、精神的に潰れてしまったりする人は、この「遊び」の部分がない場合が多いのです。真面目すぎて固いので、感情を投げられても、しなってよけることができずに全部当たってしまったり、よけようと思って折れてしまったりなどすることも。楽しさ、笑顔のない職場はギスギスしたり居づらかったり、とにかくしんどいですよね。第2章でご紹介したとおり、わからないことがわからない、不快を不快と言えるのはとても大事なことだと改めて思います。

人は100%承認を欲している

また、安心を感じることができる場作りのためには、自分が「どういった承認がほしい人間なのか」をわかっていることが大事です。私たちはエスパーではありません。他人がどんな承認を欲しいと思っているのかなんてわかりませんよね。たとえば「自分の話を聞いてほしい」という承認欲求があっても、人には見せないとします。でも実際に表に出さないと、人からの承認は得られません。自分は「成果を出したことに対して承認をされると嬉しい」とか、「自分の話を真剣に聞いてもらえたり、気持ちに寄り添ってもらえたりすることが嬉しい」など、自分が人間関係においてどういうことをされると喜び、やる気がアップするのか、逆にどういうことをされると嫌でやる気がそがれるのかということも伝え合えるような関係性になれると、その関係における心理的安全性は格段にアップします。

これらは実はとても大事なことなのに、やっていない職場がほとんどです。そのため、自分や相手の快／不快がどこにあるかというのをわからないまま手探りで地雷を踏み合っているのです。悪気はないし、誰が悪いというわけではないのに、みんな地雷を何度も踏んでしまった経験からその場が心理的安全性から遠ざかってしまっているのです。心理的安全性の高い場所をつくる最初の一歩として、仕事の場ではありますが一人の人間として何をされることが喜びで、何をされることが悲しみなのかなど、お互いに把握することが必要です。

もちろんわかっていてわざと地雷を踏んでくるとても「嫌なヤツ」もいます。それは「嫌な人認定」してしまえばいいんです。私はこれが嫌だと言っているのにやってくるって、「あなた嫌な人ですね」と。そうやって反論できたらいいですが、相手が好意として、よかれと思ってやっていることに対してはそれがなかなかできません。だからストレスになってしまいます。よかれと思って地雷を踏んでくる人の心理の奥にあるものは「承認欲求」である場合があります。そもそも私たちは１００％承認を求めて生きていて、認められたくて認められたくてしょうがない生き物です。だから、この人余計なことしてくるなと感じたらその人がどういう承認を求めているのかをまず理解し、どんな環境であれば、お互いが満たされて日々色々なことがあっても頑張っていけるのかについて考えましょう。そして、それをお互いに提供し合えるような環境作りをしていく必要があります。

でも多くの人は、そもそも自分や相手が欲しいと思っている承認なんて、どうやって把握すればいいのかわからないですよね。ですから次に見分け方のヒントとなる方法を見ていきましょう。

2つの承認パターンから見るコミュニケーションの違い

人の承認タイプを2つに分けて、そのタイプ別に合わせてコミュニケーションを取ることで、その人なりの心の扉の開き方を見つけていく方法をご紹介します。

読みながら、自分や周りの人はどちらのタイプに当てはまるか考えてみてください。

人間の欲する承認パターンは、大きく分けると尊敬承認の「Do型」と存在承認の「Be型」の2種類です。人とコミュニケーションを取る上では、このタイプによって向き合い方が違うということを念頭に入れておくとよいでしょう。2つのタイプのうちどちらがいい悪いではなくて、それぞれに合わせた対応を知ることが重要です。

第2章でご紹介した、心の扉を開くアプローチの一つに「承認」がありました。まずは、承認について振り返りながら、Do型、Be型で異なる点を見ていきましょう。

まずDo型。Doというのは行動の動詞なので、やったことに対して成果や結果に対しての承認が得られることが、自分自身が承認されていると感じて心の扉が開くタイプの方。一方Be型は、Beというのは存在するという単語なので、評価などに関係なく、存在そのものを承認されていると感じた時に心の扉が開くタイプの方です。

2章での心の扉を開く承認というのは、実はBe型のほうの「承認」を指します。何を成したのかということは関係なく、「あなたという存在は素晴らしい」と言ってもらえることを重視します。人は基本的に存在承認があるとないとでは、心理的安全性の感じ方などが違います。結果を出さないと承認されないというのは、ある意味ハラハラしてしまうような人間関係や交友関係になってしまうので、本当は全ての人にBe型の承認が必要です。

でもそれだけでは物足りない、やはり出した成果をちゃんと評価してほしい、わかってほしいという人たちがDo型というタイプです。逆に存在承認があまり得られなくても、やったことに対しての評価・承認があれば、それで満たされていく人たちです。

この違いを見極めて、その人のタイプに合った対応をしていくことがコミュニケーションを取る上で非常に大事です。心理的安全性の高い人間関係を作りたい場合、相手がDo型なのかBe型なのかをちゃんと理解して、声がけをしていきましょう。それを理解した上でコミュニケーションを取ると、この人は自分のことをわかってくれているとか、自分のことを認めてくれるというふうに相手が感じやすくなるので、人間関係がすごく濃くなり、よくなっていきます。

この2つのタイプの違いをよく理解しておく必要があります。一般的に、男性はDo型が多く、女性はBe型が多い傾向があります。よく例えられるのは、男性はウルトラマンのようなヒーローで、敵を倒してなんぼというような承認のされ方を求めています。より大きな相手、より強い敵を倒したウルトラマンが一番強いみたいな感じでしょうか。これは完全なDo型です。一方、女性はプリンセスで、お姫様は何もしなくてもいい。そこで存在するだけで十分認められるというのがBe型の承認です。

ただ、もちろん一概にそうではない場合もあり、男性でもBe型、女性でもDo型という人は少なくありません。現代社会では特に女性のDo型がかなり増えてきていると思います。男性のBe型も同様に増加しています。誰しも男性的な部分と女性的な部分は両方持っています し、バランスの問題でもあります。私自身で言えば、家庭ではBe型なのに職場ではDo型というような、そのときにいる場によって異なるケースも多くあります。

Do型は「いかに成果を出したか、何をしたかに対して褒めてもらえる」ということが原動力になっています。一方でBe型の場合は、何をしたわけではないけど、「あなたはそこにいるだけで素晴らしいよ」というふうに言われることで、安心を感じる傾向にあります。

たとえば、会社で何か褒める言葉をかけようとした場合、安心させたいから声がけをしたいのだけど、この2つのタイプを見誤ると、相手にとってはプレッシャーでしかなくなってしまうということも起こり得ます。Be型の人に「君の活躍、期待しているよ」というようなDo型の人向けの言葉をかけてしまうと、仕事の結果しか見てもらえないと感じて寂しかったり悔しくなってしまうこともありますし、逆にDo型の人に「君はこの場にいてくれるだけで雰囲気がよくなるからいいんだよ」などとBe型の人向けの言葉をかけたりすると、そんなところを見てほしいわけじゃない、実績を見てくれというふうに感じてしまいます。そこをはき違えると、この人は自分をわかっていない、と感じるようになって心の扉が閉じてしまうでしょう。

これらの違いを踏まえた上で、Do型とBe型それぞれに対するアプローチ方、声がけの仕方をタイプ別にみていきましょう。

Do型の人の扉の開き方

Do型は、尊敬されたい、称賛をもらいたい傾向にあります。そして自分に対する敬意のようなものを感じると、心の扉が開いていきます。年齢や性別、職場の歴などに関係なく、１つの敬意を払ってもらうことに対して非常に喜びを感じ、その場や人のために働きたくなります。基本的に正義の味方のような感じなので、周囲から見て、やっていることが意味のないことのように思えても、全ては成果を出すため、敵を倒すためにやっていることなのです。

でも、やっていることに敬意を払ってもらえないと何もやらなくなってしまうことがあります。そうならないためには、「できる人」という前提で関わってあげるということがポイントです。そして自分の中では、全てが成果につながることだと思ってやっているので、「なんでそんなことやっているの」などと言われるのを嫌がります。責められているように言われるのは誰でも嫌なものですが、特にDo型の人たちは、理由があって何かをやっていることが多いため、そこをないがしろにされるとやる気をなくしてしまうのです。例えるなら、自分の得意の必殺技を出す準備に文句を付けられているみたいな感じでしょうか。すべて理由があるというのがDo型の人たちの特徴なので、その理由をちゃんと拾ってあげて、そこを承認してあげるというのがとても大事です。

また、「一番になりたい」「人より上でいたい」という特徴があり、成果を出したことに対して承認を得たいので、二番よりは一番がいい、一回だけ一番になるよりは継続的になりたいというハングリーさがあります。「君が一番がんばっているよ」、「君に一番期待している」など、「一番」というキーワードを非常に好みます。ですが、昨今は一番を目指そうというのが、すでに学校教育時から薄れてきています。みんなで一緒にという教育、かけっこも全員一緒にゴールしようという、競争させない時代の空気があります。そうすると、一番になりたいDo型の人たちはやる気がなくなってしまうわけです。そのため、どんなジャンルでもいいので、このジャンルでは君が一番というのを認められれば、非常に頑張れる、「ナンバー1」になりたいと思っているタイプです。

さらに、このタイプは成長している、できるようになっていると実感することが何よりの喜び。「できてないね」ではなくて、昨日よりできるようになったとか、少しずつでも上昇しているということを感じさせてあげることができると、「もうちょっと頑張ってみようかな」という感じになります。褒められると伸びるので、「いいね、ちょっとずつよくなっているよ」などという声がけの仕方で、Ｄｏ型の人は非常に満足感を得ます。ただ、やりすぎは逆効果。一日で大きな変化があったわけではないのに「昨日と全然違うね」と言われると、自分の実感との乖離を感じ、お世辞ではないかと少し疑いを持ってしまいます。でも、「ちょっと良くなっていると思う」と言われると、昨日より少しステージアップしている、成果が出ていると感じて嬉しくなります。

ほかには、頼られたいというのもＤｏ型の人の大きな特徴なので、「尊敬されたい」「認められたい」に加えて、「頼られること」も承認の一つになります。もしできないことであったとしても対応できる人として頼ってほしいと思っているので、「困っているので助けてほしい」とか、「お願いがある」などという言葉がけをすると、「自分の出番がやってきた」という気持ちになって、頑張らなくてはと張りきります。自分が問題を解決してあげたくなると思うからです。

〈声がけＰＯＩＮＴ〉

「尊敬」によって承認欲求を満たし、心理的安全性を高めるDo型の人に対しては、とにかく「あなたのことを尊敬している」と尊敬承認を伝えることが大切です。

女性から男性でも男性から男性でも、相手が尊敬されることを好むタイプであると感じたら

「〇〇さんさすがですね」
「〇〇さんすごいですね」
「〇〇さんみたいになりたいです」
「〇〇さんに憧れています」

などと、相手に対しての敬意をわかりやすく表明することで、このタイプの人は心の扉を開いていきます。尊敬されたいポイントは、人それぞれの興味や関心、得意なことによって細かく分かれますが、とにかく自分がすごいと周りから思われることで、自分という存在の価値を感じる人たちです。

Ｂe型の人の扉の開き方

Ｂe型の人は、存在承認重視型なので、「今日も元気だね」とか「今日もありがとう」などという声がけが嬉しいタイプです。主な心理的な傾向として、何かをしている／していないにかかわらず、「自分がここにいることを喜んでほしい」「自分のことをわかってほしい」と思っています。「この人は自分のことをわかってくれる」と思うと心の扉が開くのは、Ｄo型もＢe型も同じですが、特にＢe型の人は、自分そのものをわかってくれていると実感することが直接的な心の扉が開く動機です。元気がなかったら元気がないことに寄り添ってほしい、嬉しそうだったら嬉しそうなことに寄り添ってほしいと思います。とにかく、自分の現在の状況に共感してほしいのがＢe型の大きな特徴です。

Ｄo型の人からすると面倒くさいと思うタイプですが、この共感の部分さえ押さえておくと、その場のために一生懸命動いてくれる人になります。Ｂe型の人は、自分が何かをやりたいというよりは、「全体を見て誰かの役に立とうという視野で動いている」人が多いです。しっかり承認しておくと、その場にとって何が必要かというのをキャッチして動いてくれるので、なくてはならない存在になります。

攻めと守りで言うと、Be型の人たちはちゃんと守ってくれている存在。そして、Do型の人たちで攻めていくという存在、そういう役割分担がしっかりできている職場は素晴らしいですよね。Do型の人は心身のコンディションとその日の成果を切り離して考えることができるので、体調が悪くてもやることはやるという感じの人たちが多いです。一方、Be型の人にとってコンディションはとても大事で、コンディションが悪いと、その日のパフォーマンスが全然違います。とにかく話を聞いてコンディションを整えてあげるということが大事です。今の心身の状態を理解してあげるというか、今この瞬間がどうなのかということを把握できるような会話をしてあげましょう。

ただ、Be型の上司が部下に話しかけられ、自分に関心を持ってくれたことが嬉しくて、変な世間話を長々と始めてしまい、鬱陶《うっとう》しがられるなどということもよくあります。「いつもありがとう」、「お疲れ様、今日もありがとう」などという言葉をかけるだけでも最初は十分です。でも、長い間近くにいることで、そのうちやってくれて当たり前と思うようになってしまうこともありますよね。そうなると、Ｂｅ型の人は敏感に察知してその場のために動きたいと思えなくなってしまいます。自分の今の気持ち、状態を受け取ってもらえている環境というのが、Ｂｅ型の人にとって心理的安全性が非常に高い場所になります。

また、このタイプは、自分が一番という結果よりも、君が支えて君がやってくれたからできたんだよという、プロセスの部分を褒めてもらえることを嬉しく感じます。なので、頑張っているのをとてもよく見ていたし、その頑張りでこういう結果になったんだねと言われたほうが、Ｂｅ型の人にとっての喜びになります。ピンポイントに成果だけを褒められるよりは、いつもあなたが頑張ったことが実を結んだことが良いこと、嬉しいことというふうに、結果ではなくプロセスへの承認が重要です。

〈声がけＰＯＩＮＴ〉

Ｂｅ型の人の承認欲求の満たし方は「共感」を感じることです。

「共感」を示すような相槌《あいづち》や言葉で、

「そうですよね」

「わかります」

「うんうん」

「そうそう」

「私もです」

など、相手の言葉や思いに対して「自分も同じ気持ちである」と言うことを表して心理的安全性をお互いが感じると、信頼関係を築いたり心の扉を開いたりしていきます。

「Do型の人だって共感されたらうれしいのでは？」と思われるかもしれませんが、尊敬承認を求めるタイプの人はあまり共感されすぎると「ヒーローの気持ちなんて誰にもわからないだろう」と逆に心の扉を閉じてしまうこともあります。なので、「私には到底理解できないレベルの苦悩があるのですね」というように、あえて共感しないでおくことが心理的安全性のある関係性を築くということも十分にあり得ます。

ではここでいくつかの事例をご紹介します。

タイプ別にさらに研究してみよう《Do型編》

Do型、Be型の基本的な性質とアプローチ法を学んだところで、次のステップとして、さらに相手を理解するために、タイプ別に具体的な特徴について研究していきましょう。

まずDo型ですが、基本的に自分がNo.1でありたい人だと先程お話ししました。ほかの人と自分をちゃんと分けて、自分は自分だという認識でコツコツと日々精進しています。誰かと勝負したいという人もいますが、誰かと比較するのではなく、基本的には「自分が認める自分でいたい」という意識を持っています。Do型の人は常に何かやっていて、チャレンジしているし、挑んでいます。ステップアップを望むなど上昇意識があるのが大きな特徴ですね。

最近の若い人は、Do型は昔に比べて減っていると思います。会社であまり昇進を望まないことからも、その傾向がわかりますね。今の若い人たちが好むのは、SNSによる「共感」です。自分自身が登っていくというよりは重視するポイントの1つが広げることなので、投稿を拡散することで、より多くの人たちに同じ気持ちになってもらいたいというのがテーマになっているのです。

Do型の人たちは、重きを置いているポイントが異なります。ランキングで1位を取るのは頑張るけど、SNSで言えばフォロワー数で1位になることには興味がない。逆にそれが広がって、そこまで人間関係が大きくなると面倒くさいと思ってしまうタイプです。いわゆるバズったり、仲間が増えなくても、存在自体は自分で承認するので、そこは必要としていない。でもやはり目に見えた成果が欲しくなる。ちゃんと自分がやったことに対して、結果としてのレスポンスがほしいタイプです。

あとは、あまり言葉数が多いほうではないので、何を考えているかわからないと言われることが多いです。喋っている時間より何かをやっていることのほうが長いのがDo型なので、あまり話さないけど行動して成果を出します。Be型の人からすると、気持ちの交流があまりできないような、得体の知れない存在と思われるかもしれません。お喋りが上手ではないので、あまり面白みのある人とは思われない感じですね。逆にDo型からBe型をみると、「喋っているだけで仕事してないんじゃないか。喋っている暇があったら仕事をしてよ」と思ってしまいます。

Ｂｅ型の人たちは情報共有するのも一つの仕事だと思っています。伝達する、話す、共有するというのも非常に重要で、重きをおいているタスクの１つです。ところが、Ｄｏ型は情報なんて自分で集めればいいと思っているので、共有された情報にそこまで興味がない。欲しいものは自分で取りに行くというスタンスなので、共有される情報ほど受け取らない天邪鬼な部分があったりします。「参考程度にしておきます」ぐらいの反応しかしないので、Ｂｅ型の人からすると「せっかく共有したのに受け取らないなんて」と冷たく感じられたりします。

タイプ別にさらに研究してみよう《Ｂｅ型編》

能力があると思われたいというのがＤｏ型の人たちなら、Ｂｅ型の人たちは能力あるなしに関係なく、自分のやったことに対して感謝してもらいたい。共有したことや自分が今ここにいることに対してありがとうと言われたい傾向にある、ということは先程の説明のとおりです。

声がけPOINTで説明したとおり、誰かに共感してもらえると「わかってくれた」と嬉しくなります。「喋りたい」「わかってほしい」「共有したい」というのがBe型の大きな特徴なので、自然と愚痴など言葉数が多くなりがち。共有することが好きなので、情報を集めてきてシェアすることに重きをおいています。職場に「なんでそんなことまで知っているの?」と思うような、部署間を超えて情報収集をしてくる人っていませんか? その人がBe型の最たる例です。

Be型の人たちの会話は、Do型の人からすると、何の生産性もない無駄話に聞こえてしまうこともあります。でもBe型の人たちにとっては、他人の体験を自分の体験としてインプットしているので、それ自体が情報収集として自分のためになっているのです。

たとえば朝の電車が遅れて遅刻するという状況であれば、Do型の人からしてみると、遅れるときは迂回路を調べてちゃんと時間に間に合うようにリカバリーすればいいのでは、と言いたくなりますが、Ｂｅ型の人たちは、「○○線って遅れるときあるよね、わかるわかる」と共感して終わりです。それでも、ちゃんと本人たちは話しながら自分の頭のなかで「私も何ヶ月前にそういうことがあったな」とか、「○○線の朝ってこういうパターンで遅れることがあるんだよな」などと反芻《はんすう》して、同じことがあったときに自分はどうするかなと考えていたりします。なので、全く無駄話ではないのですが、経験値の積み方としてちょっと特殊なところがあります。人の体験を自分の体験としてインプットするような特徴は、Ｄｏ型の人にはないパターンです。

Ｄｏ型の人は自分と他人との間に引かれた境界線がしっかりありますが、Ｂｅ型の人は相手が「自分と同じ」と感じやすい。電車遅延の例のように、他人の体験を自分ごととして共有するという特徴があるので、自分も相手も同じというふうに思ってしまいがちです。でも、冷静に考えると私たち誰一人として同じ人はいないので、人はそれぞれ「違う」という前提で人間関係をスタートさせていく必要があります。ところが「同じでいたい」「同じ気持ちでいたい」というＢｅ型の場合、その気持ちが強くなると場に同調圧力が生まれたり、ほかと違う意見を言いにくい環境が生まれてしまったりする可能性が大きくなります。

大事なのはDoとBeのバランス

職場の場合、そもそも「仕事」場であり、成果を出すための場です。実は、社会はDo型で回っているということが大前提としてあります。でも最近、心理的安全性が必要だと言われ始めているのは、Do型の社会をDo型の人たちが回していることに対してBe型の人たちが疲弊してきているということでもあるのかと思います。Be型の人たちに対しての場づくりもしっかりしていきましょうということでもあるかもしれません。

職場は、基本的にはDo型の土台でできている場所ではあるものの、そもそも人は本来Be型の承認を必要としているので、2つのバランスをうまく保つというのが、誰もが安心感を持つためには重要です。

たとえば、圧倒的にDo型の人が多い職場にBe型の人がいると精神的にきついでしょうし、逆に、Be型が多い職場にDo型の人が入ってくると、浮いてしまったり人間関係が面倒くさくなったりして、直行直帰が増えたり、なんだかんだと理由をつけて会社に来なくなるパターンもあり得ます。このようなすれ違いは上司と部下のタイプの違いや、同僚や職場自体の雰囲気のタイプの違いなどから起こったりします。

最初に解説したとおり、どちらのタイプがいい悪いという問題ではありませんし、どちらのタイプが多数かということも関係ありません。ただ、お互いが話す言語が違う者同士だと認識して、理解し合える環境になるよう努力し、歩み寄れるようになる。そのバランスが大切です。

そして、家庭の場合、職場とは真逆でBe型の場所になります。家庭は別に何かを成し遂げる場所ではなく、ただそこにあって、みんなが戻ってくるオフの場所。オフの場所である家庭であれやれ、これやれと言われるのが嫌だという人の方が多いでしょう。ですから職場以外でも全ての人間関係においてこの2つのパターンを見分ける必要があります。家庭だから、家族だからというふうに括られますが、家族も個の集合体ですから全員価値観が違いますし、同じ親から生まれているのに兄弟全員性格が違うものです。家族の中で同じ親から生まれてきてもDo型やBe型と個性はそれぞれですから、子どもたちに声をかけるにしても、一辺倒ではやはりだめなんです。

職場など仕事ではDo型だけど、家庭などプライベートだとBe型という人もいるので、そのシーンによって変わることもあります。仕事のときは仕事だからと割り切ってDo型になっている人たちもいます。でもそういう人たちは本来Be型なので、やはりBe型としての承認を得る必要があります。仕事をバリバリこなしている人もプライベートではBe型であるケースが多く、家庭なり趣味の集まりの場など、ちゃんと自分自身を理解してくれる場所の存在を求めています。だからこそ、みんな社会に出ているときはDo型のスイッチを入れ、仕事を頑張ることができるのです。

会社はDo型で回ってはいますが、バランスを取るために、Be型の「あなたは存在しているだけで素晴らしい」という承認の土台も会社の雰囲気づくりにおいては大事です。そのためには相手に承認していることが伝わりやすい言葉をかけていくのがよいでしょう。よくあるのは、承認しているつもりなのに全然相手に伝わっていない、足りていないというケース。一日一日「ありがとう」という気持ちで、相手を褒めたり承認したりすることを習慣化し、癖づけていきましょう。

ただ、他人のことを褒め慣れていないのに無理に褒めたり、心で思っていないのに相手が喜ぶようなことを言わなくてはならないと自分が苦しくなってきますよね。そういう場合は、自分の中で最小限の承認をかけ続ければいいのです。相手に合わせて顔色をうかがいすぎるのもよくありませんが、自分は言葉数が少ない、口に出さないタイプだから承認しなくていいということではなくて、少ない言葉でもちゃんと届くような承認の仕方をすることが大事です。

人はDo型とBe型に分かれていると解説してきましたが、それに加えてリスク回避型（ネガティブなところが目につくタイプ）と未来志向（ポジティブタイプ）という分類もあります。たとえばリスク回避型だと、人のアラが気になって目についてしまい、承認の言葉が出づらいタイプです。でもそれもまず承認した上でアラを注意しなければ、単に重箱の隅をつつく小姑のような人になってしまうので、「みなさん素晴らしい、でももっと素晴らしくなるためにこうしていこう」という声がけを心がけるようにするといいでしょう。逆に未来志向の人は全然他人のアラが見えない、抜け漏れがあるのに気にせずどんどん先に進もうとします。どちらがいいということではなく、タイプの問題です。

リスク回避型の人は最初に承認をできる限りする、逆に承認ばかりしてしまう未来志向の人は、本当に承認だけでいいのか、ちゃんと実務が進んでいるのかを見ていく必要があります。その環境で、リスク回避型と未来志向型の人たちをどういうバランスにすれば一番仕事が人間関係を含め、順調に進めることができるのかを考えていくことができればベストだと思います。

2つのタイプを理解すれば、異性間や世代間ギャップも解決できる!?

解説してきた通り、基本的に男性はDo型が多くて女性はBe型が多いので、この2つのタイプを理解した上でコミュニケーションを取れば、異性間のシチュエーションでもスムーズに物事が運びます。「女性の部下はどう扱えばわからない」という男性上司の悩みはよく聞きますが、セクハラやパワハラなど、言った本人には全然その気がないのにそう受け取られてしまうような事態を少しでも減らしていくことができるのではないでしょうか。

さらに、世代間の認識のずれを理解するにも役立つと思います。団塊世代の退職を経て、世代交代を進めている会社が多くなってきました。今の上司世代の人たちは圧倒的にＤｏ型が多く、出世したい、自分が一番になりたいと、上に行くために頑張って時代を生きてきた人たちです。一方部下世代の若い人たちは、上に行くことを望まない人も多く、誰かと必死に競争をして自分が一番になるのではなく、同僚たちともフラットな関係でいたいと思っていたりします。

若い世代にとっても安心感のある環境にするためには、まずは他の人と比べないこと。個人によって能力が異なるのに、「アイツはこういうことができるのにお前はできない」など、部下同士を比べる上司もいます。パンに例えるとクロワッサンとバターロールを比べてアイツはあんなにうまいのにと言っているようなものなのです。そもそも「もの」が違います。そう考えれば無意味なことをしているとわかるはずのに、なぜかすぐ比べてしまう人がいます。

比べるにしても、たとえば職場であれば職場が定めた基準をクリアしている・いないは比較されても仕方がありませんが、そもそも異なるポテンシャルを持った人同士の能力や資質を比較しても意味はありません。もし比較することにメリットがあったとしても、そのメリットの10倍くらい悪いことが生み出されてしまいます。でも自分たちが過去に競争社会を生きる中で、彼らもまたその上司たちに比較をされてきているので、それ以外のやり方を知らないという悪循環が生まれているわけです。上司の立場になっている世代では、人と同じであること、誰かが決めた基準にちゃんと沿っていることが一つの心理的安全性を感じるものでした。みんながいい大学に入ったほうが良いと言うのを聞いてそこを目指し、入ることができたら周りも親も自分も心理的安全性の高さを感じて安心していられました。

でもいまの部下の人たちの若い世代は、人と同じであることがちょっと格好悪い、多様性やオリジナリティなど、そういう部分を大事にする人が圧倒的に多いのが特徴です。そもそも比較されることに慣れていないし、人と同じであることに安心を感じないので、心理的安全性という定義が上司と部下で大きく違っているケースがあります。

ただし、人の先頭に立つ者の使命として後に続く人たちに活躍していただかないと世の中も職場も回っていきません。それは職場のみならず、日本全体として年配者が居座り続ける構造になっていることで、世代交代がうまくいっていないようにも感じます。政治家も高齢男性ばかりですしね。他人に活躍の場を与える人が本当の意味では会社にとって「いい人材」です。自分が上に居座り続ける上司は、子供を自立させられない親と一緒。いわゆる「毒親」と自分が同じことをしていると気づけば、考えや態度をあらためなくてはと思うかもしれません。

たとえば、目的を達成するために相手をコントロールするのは、上司としての仕事の範疇です。目的からそれているなと思ったら、ちょっと軌道修正をかけてあげるのはもちろん上司の役割ですが、その全てをコントロールするというのはまた別の話です。命令で動く世代だった自分たちと、命令で動けない世代の人たちが同じフィールドで意識を変えなくてはいけません。今の人たちは、いい意味でＢｅ型の考え方、つまりフラットで横のつながりを大事にしています。一方、上司世代に多いＤｏ型の人たちは縦のつながりを大事にしている印象です。

最近はｅスポーツなどのゲームで上司と部下が交流して、その時間だけは部下が上司チームを教えるような取り組みをしている会社があります。そういう会社では若い人がとても元気ですし、上司と非常に仲がいいことに気づきます。楽しい交流の中で良い関係性が築けるから、部下が上司の言うことをちゃんと聞き、自分に求められていることをしっかり把握して、その結果仕事が健全に回っていく環境になっていきます。仕事は仕事ですが、Do型が欲しいと思う成果を取るためには、やはり今の時代はどれだけBe型の環境を整えてあげられるかが、非常に重要になってきています。

全ての基本は心理的安全性で、人間関係には欠かせない要素が詰まっていると言っても過言ではありません。今後ますます人口減少に拍車がかかり、労働力の確保も大変になっていきます。必然的に、人は心理的安全性がベースにあり、それを大切にする企業に流れていくでしょうし、そのような場を作れる会社しか生き残っていけないと私は思います。

以上、職場における対個人とのコミュニケーション方法をご紹介しました。

特に相手のタイプ別に心の扉を開く方法は、家庭などのプライベートの場をはじめ、全ての人間関係に応用できるのでぜひ実行してみてください。

家族間はＢｅ型の存在承認を尊重して、夫婦間でも相手の話に耳を傾けたり、「いつもありがとう」と声をかけたりすることが大事です。親子関係は、上下関係という観点で言えば、上司と部下の関係性と同じなので、この章で解説した上司と部下の関係構築メソッドがそのまま応用できます。これによって、家庭は本当に安らげる場所になっていきます。職場の人間関係がうまくいけばプライベートにもよい影響を与えるでしょうし、逆に夫婦関係、親子関係などプライベートがうまくいけば仕事にも専念できるので、よいことづくめですよ。

次章では、さらに職場の心理的安全性を高めるために必要なチームビルディングについて学んでいきます。

第5章

心理的安全性を築くための実践

チームビルディング編

ここまで対個人のコミュニケーション術について学んできました。この章では、いよいよ集団としての心理的安全性、チームビルディングについてお伝えしていきます。職場は、同じ目標に向かってさまざまな人が集まった1つのチーム。人が違えば個性も違います。そんな中でお互いが安心を感じることができる環境を作るには、どのようにすればよいのかについて解説していきます。

違うことを裁くことより、興味を持つこと

人間はそもそも同族意識が強いといいますか、相手に自分と似通ったことがあったり、共感する部分があったりすると安心するという心理的な特徴があります。基本的に身体の細胞レベルで人と同じがいいという感覚が存在するのです。身体の中に異物としてのウイルスが入ってくると、熱を出したり、汗や膿を出したりと、それを追い出そうとする作用が起こります。心も同様に、自分に似たものや同じようなものには抵抗感がなくても、自分の知らない未知のものや異質なものには拒否反応を示しやすい特徴があります。裏を返すと、「一緒」は良いけど、

「違う」と感じたものは自分にとってあまり好ましくないという認識を持ちやすいのです。

そのため、人は違うものを見つけると攻撃したくなる習性があります。責めるというより、「裁く」「ジャッジする」という感覚になります。合っているか間違っているか、正しいか正しくないとかいう議論をしていても、どうしても反論的になってしまいます。まずその性質を理解した上で、それをどのように乗り越えるのかということを知る必要があります。人間は同じ人は一人としていません。私たちは同じであることが好きですが、そもそもみんな違うというところを理解して、その認識を土台にして人間関係を構築していかないと、自分も周りも苦しくなってきます。同じところや似ているところもあるけど、違うところももちろんある。それが当たり前です。例えば「普通はさあ」という言葉も、自分が持っているものを相手に向けて、「普通は、こう考えるけどあの人は違うよね」というニュアンスが感じられます。こうした発言は自分の中の「普通」がベースになっていますが、少し見方を変えて相手は違うというベースで物事を見ると、私の中の普通はこうだけどあの人の普通はちょっと違うかもしれないという、相手に対しての興味に変換していくことができるわけです。

集団生活を送る中で、誰かを裁きたくなるときはたくさんあると思います。ただ、それは興味の種として、自分にはない新しい視野や発見を自分にもたらしてくれる「きっかけ」だと思えるようになると、人を攻撃したり裁くような回数がぐっと減っていきます。集団の中に身を置くとき、そうした土台の上に立つという心構えを持っていると、過ごしやすい場になっていくものです。「裁き→興味」というベクトルは、集団における心理的安全性を築く上でとても大事な一歩になります。

日本は特に村社会というか、多くの人が「みんなが同じじゃないとだめ」だと思っているように感じることがよくあります。でも本当はだめではなくて、一つのものに対しても色々な見方があり、人の数だけ見ているものが違います。私と違う見え方をしているから相手が間違っているというのではなく、「私にはこう見えているんだけど、あなたにはこう見えているんですね、面白いですね」という受け入れ方が人間関係の土台にあると、些細な違いにもイライラしなくなってきます。

こうしたことを土台にして回るチーム・場所であれば、そこにいるみんなにとって居心地が良い場になります。これは、赤の他人同士が家族となる夫婦でも同じことが言えます。キリスト教の式前にご夫婦になる方たちに「お二人は一生違う人間ですからね」と言うと、冷たい言い方に聞こえてしまいますが、一緒に暮らしてみてそれが「事実だったことに気づいた」という方が多くいらっしゃいます。結婚は、「そもそもお互いが違う人間だ」と思っていないとやっていられないことがたくさんあるからです。同じだと思っていたのに違うから、ちょっとしたことで相手に対して失望したり、裏切られたような気持ちになってしまったりしますが、そもそも人間は一人ひとり違います。同じところもあるけど、大半は違うものだと思っていれば、それは新たな発見へとつながります。そのため、「同じがいい」至上主義の中にいると、違いを見つけた瞬間に関係値が下がってしまうのです。

みんな「それぞれ違う」という土壌の上に立つと、違いも共通点と同様に関係値をアップさせることにつながりますから、コミュニティや場を作っていく上で非常に重要なポイントになります。私たちは本来、子どもの頃にはむしろ何か「違う」ものに興味を持って自分から近づき、それが好きか嫌いかという判断は自分でしていた気がしませんか。子どもたちは肌の色や目の色が違っても勝手に近づいて、遊んで仲良くなっていきます。でも教育の中では、同じがいい、みんなと同じ成績を取っていればとりあえずは及第点というような意識を刷り込まれています。そのため、成長するにつれ次第に自分とは違うものが自分に降り掛かってきたときに、拒絶反応をしてしまうのです。

だから何をやっても人間関係が長続きしないとか、誰も私のことをわかってくれないなど、そういう人は自分の中の「普通」の位置が強すぎて、「あの人も私と違った」と勝手に傷つき、勝手に自ら人間関係を壊したりしてしまったりする人もいます。「こんな人とは思わなかった」と自分から離れてしまうのです。でもこれは家族についても同じことが言えます。同じ親から生まれても兄弟全員姿形は違うし、同じ生活をして同じ食事を摂っているのに見た目も中身も全然違ってきますよね。それが赤の他人ならなおさらです。それぞれ違う人間なのに、同じものさしで見ようとするから、基本的な人間関係や心理的安全性という意味で、どちらかが、もしくはどちらも安全を感じられなくなってしまい、裁く・裁かれる、ジャッジする・ジャッジされる、攻撃する・攻撃されるという行動につながってしまうのです。

そうならないためにも、「人と違うこと」を理解するという土壌づくりが、集団の場においても心理的安全性への第一歩になります。

定義をはっきりさせることが、心理的安全性への鍵

違いを認め合う土壌づくりの重要性についてお話ししましたが、注意が必要なことがあります。それは、職場やチームで理解を求める、意識を高める際、それが度を越してしまうと、無法地帯みたいになってしまうことです。そうならないようにするには、そのコミュニティや場の中で、全員に適用されるルールを決めること。共通認識を存在させる必要があります。何を同じにしなくてはいけないのか、何が違っていていいのかという線引きが必要で、それが明確であるかどうかが、そのコミュニティでの過ごしやすさに大きく影響します。

コミュニティや場には、「これをしてください」という「する」ルールと、「これをしないでください」という「しない」ルールの両方が必要です。そこで定められているルールに関しては、全員がきちんと守り、そこにないルールに関しては、個人の裁量の中でそれぞれの特性を

活かして臨機応変に対応するのがいいと思います。定められているルール、国の場合は法律、会社なら就業規則などです。たとえば遅刻はしないというルールであれば、やむを得ない事情で遅刻をするときは何分前までに連絡を入れるなど、そうなったときの対応をみんなが理解していると、それにならう行動ができます。コミュニティ運営をしていく上で人が思うように動かない場合、やってほしいこと、やってほしくないことが明確に伝わっていない、理解されていないというケースが非常に多いです。

たとえば営業部の定義は、「営業する部署」ですが、所属している人がどのような形の営業を「営業の定義」として考えているのかは決まっていません。人によって違うので、みんな思い思いの営業方法を取っているところも多いですよね。自分たちが何のためにここに集まっているのかという意識、その「何のために」を実現するために適用するルールは、会社によって異なります。A社とB社では、社内で共有している「定義」と「ルール」が異なります。どちらが正しい、正しくないのではなく、「郷に入れば郷に従え」の精神で、その場のルールを守っていくことが、チームビルディングの一番の基本です。そのルールを守ってみんなが自分の個性を発揮しながら、「何のために」を実現していく。そういう「場の定義」がきちんとしておらず、少しずつコアの部分からずれていくと人間関係がよくない方向に向かっていきます。そもそもの前提である「お約束」はどうだったのかと、みんなわからなくなっていくんですよね。

夫婦も同様に、結婚した時、生活をする上でのお約束をつくることから始めたりしますよね。「してほしいこと」「してほしくないこと」などを話し合います。年月が経ち、仲が険悪になってきた場合、なぜそうなってしまったのか、その理由を探ると、してほしいことをしていなかったり、してほしくないことをしているかのどちらかです。

ですから、私たちが場を作っていくためには、どういった約束を決めていく必要があるのか、目的をまず言語化して、場を作り出す人たちがそれを確認する必要があります。コミュニティをうまく回すために最低限必要なことは、全員が何のためにその場所にいるかを言うことができて、そのためにしなくてはいけないこととしてはいけないことというのを理解することです。そして、それがその場の心理的安全性につながっていきます。

たとえば、相手がしてほしくないことを自分に伝えておいてくれたら、それをしないようにすればいいので、お互いの安全性は担保されます。でも伝えておいてくれなければ、相手が望まないことをしてしまうこともあります。そしてそれが原因で怒られたりすることもあります。すると怒られた側としては「やってはいけないことなら、最初にそう言ってほしかった」と思ってしまいます。

そうしたことがあると、やる気や意欲がそがれてしまったりするわけです。もちろん細かなイレギュラーなものにはその都度対応していけばいいと思いますが、絶対的にここの会社、この場でやってはいけないセオリーのようなものが明確になっているのであれば、それをみんなで遵守するということが場の安全性、心理的安全性を保つことにつながります。セオリーからはみ出ていたらその部分を注意できるからです。でも、「あれは絶対に違う気がする」と思っても、何が正解かわからないと「違う」と思った部分を注意できなくてモヤモヤしてしまい、心理的安全性がない状態に陥ってしまいます。基準にするものは、早い段階で明確になっていて周知されているべきです。そして誰かが忘れてしまったときは、こういうふうに決まっているよねと言って思い出させてあげることが必要です。

そんなふうに、戻れるチャンスがあるというのは精神的に大きな安心感があります。知らなくてやってしまうことはたくさんあるし、忘れてやってしまうことも多いけど、「そもそもの約束はこうだった」というのがあればそう伝えることができるし、相手にもそれが共有されていれば「あ、そうでしたね」という話になって終わります。それがないと、それぞれの価値観がぶつかり合い、「いや、私はこう思うんだけど」「いや、私はそうは捉えない」ということが始まります。同じところから話が前に進まないということは、会議でも起こりえます。何を結論として導き出すための話し合いなのかということをみんなが理解していないまま、なんとなく始まってしまうので、何が論点なのか、そのための解決策は何なのかというのが全くわからない状態で、「あれは違う」「これも違う」と無駄な時間を過ごすことになってしまいます。ですからはっきりと目的を明確化する、場の定義というのは、本当に大事なんです。

たとえば、コミュニティの中でよくルールとして、「ネットワークビジネスや、宗教・政治の勧誘に使わないでください」など、いわゆる勧誘活動に関するＮＧ事項が挙げられます。商材を扱っている人でもそういう禁止事項を見ると、「ここはそれをやってはいけない場だな」と認識して、勧誘を控えることができますが、でも禁止事項を定めていなければ、何も書いていいないからいいんだなと思って勧誘行為をしてしまうこともあるのではないでしょうか。ですからチームメンバーの中で「ここはこれをやる場だ」「これはしない場である」という共通認識を持つことは大事なんです。

あとは、よく使う言葉に関しては、それぞれに定義付けをすることが非常に有効になります。たとえば「締切」という言葉。自社でいう締切は、その日の営業時間の何時までと定義しておかないと、締切の受け止め方が人によって異なり、「17時まで」という人もいれば、「その日の23時59分でもいい」と考える人がいるかもしれません。プロジェクト単位も含めて、会社の中でこのチームにおける「締切はいつ」だとはっきり決まったものがあると、みんながそれを共通認識として動き始めるので、コミュニケーションに関するエラーがなくなっていきます。定義を含めた決め事をメンバーに最初に提示するという方法もありますし、メンバーを集めて、どういう定義ならみんながやりやすいかということを話し合い、自分たちで作ってもらうやり方もあります。

場と個の目的をリンクさせよう

先程、定義を明確にすることで安心感を得るという話をしましたが、その逆で心理的安全性を感じられないのは、「わからない」という状態にある場合です。何をどのようにふるまったらいいのか対策が取れず不安に陥ってしまう状態です。第３章で「快」と「不快」について解説しましたが、不快というのは、それをどうしたら回避できるか自分なりに対策が取れるので、不快な状態に陥った後も自己回復させることができます。でも快なのか不快なのかわからない、「これを不快として受け流したらいいのかどうかわからない」状態が一番モヤモヤします。それが長引いて積み重なっていくと、精神的にしんどくなってくるので、できるだけ「わからない」という状態がない」環境を作るのが大切です。仮に問題が起きた場合でも、はっきりしたボーダーラインやルールを提示すれば「なぜだめなのか」納得してもらいやすいですし、そもそも最初にルールが決められていてメンバーに伝わっていれば、問題を起こさずに済みます。

コミュニケーションの際に話が通じない人、「何を言ってもわからない人」というのは大体、全体の3割くらいいるものです。「3．10．60．27」というグループ分けの法則なのですが、100を母数としたときに、自分とツーカーで意思の疎通ができる人が3人。まあまあ話がわかるとか、ちゃんとコミュニケーション取れているなと思える人が10人、必要最低限の会話が成立する人が60人。そして、違う星から来たように話がまったく通じない人が27人いるものだという割合を示しているものです。有名なものでは「2：8の法則」というものがあります。100匹の働きアリがいたら2割のハードワーカーが全体の成果を生み出していて、8割のアリたちは何をやっているかわからないような集団の法則で、「3．10．60．27」はそれをもう少し細分化したようなものです。これは同じコミュニティの中にいたら、全員が自分と同じレベルで会話ができるわけではなくて、自分と本当に気が合う人たちは3％くらいしかいないということ。10人いればその中に一人いるかいないかということであって、何をやってもわかってくれない人というのは3割くらいいるということです。

そのため、この法則を大前提としてコミュニティをマネジメントしていく必要があります。伝わり方も人によって全然違うわけなんです。1言ったら10わかってくれる人と、1言ったら1わかってくれる人がいます。でも1言って0.5わかる人と、1言ってもマイナス10くらいの人もいるので、1の伝え方に関してもいくつかバリエーションを持つことも大事です。人がいる数だけ受け取り方も違うという土台の上でコミュニケーションのやり方を考えていくことが非常に重要なんです。

ただ、ルールに関しては全員に共通のもの。「遅刻をしない」「遅刻しそうな場合はこうして連絡する」というルールは、どんなグループに所属したとしても全員が認識して遵守されるべきものなので、明確にしておくべきです。

職場もまず「場」があって、そこに集う「個」がいるわけですね。場というのは個の集合体ですが、現代は「残業はしない」とか「飲み会にはいかない」など、それぞれ個の主張が強くなってきている風潮があります。バランスがとても難しいですが、やはり場においては場の目的が最優先というのが、コミュニティを作る上での最重要事項で、あまり個の事情に振り回されてしまうと場が成り立たないということもあります。

たとえば、一丸となって今夜中にこの仕事を終わらせるぞと決まっていたのに、一人だけ「残業できないんで」と帰ってしまうと、場の士気も若干下がってしまいます。個人の事情はもちろん色々あるので仕方がない場合もありますが、そうでない場合、このチームは月末に忙しくなるから、多少の残業は月末には覚悟して下さいなどということをちゃんと言葉で伝える必要があります。特に今の時代はリモート勤務も盛んで、常に職場で一緒にいるわけではないケースも増え、副業なども解禁されて個が際立ってきているので、場と個の関係性は課題になっている気がします。

うまくいっている場というのは、個の目的と場の目的が上手にリンクしています。個と場が全く違う方を向いていて、個の目的がこの時間ここで過ごせばお金がもらえるから、生活ができるからというような感じだと向かう方向性が揃わなくなるのは当然です。反対に自分がその場にいることで、自分の個の時間や人生の充実度が上がっていくという認識があると、一体感のある場を作ることができます。全体のことを考えた行動ができる人を採用したい、そういう能動的な人が集まる場にしていきたいと思ったら、やはりこの場が何のためにあって、そのためにこういう人と一緒に場を作っていきたいということを言語化しないと、「条件が良いから」とか「家から近いから」という志望理由で、場に対して何の思い入れもない人が来てしまいます。そうした人たちは、特にそこでやりたいことがあるわけではないし、働くのは別にその場でなくてもいいので、すぐ辞めてしまったり、帰属意識が薄いまま働き続けます。

大きな会社では管理職のカラーによって場が異なったりします。そこに帰属意識を持って仕事をしてくれるチームができている部署もある一方で、管理職の方が、あと数年職場にとどまりさえすれば退職金がもらえると会社にしがみついているような感じで、なぜ自分がその場を率いているのかわかっていない部署もあります。そういう場だと、メンバーは何を拠り所にしたらいいのかわからなくなってしまい、崩壊しやすくなってしまいます。

まず重要なのは目的が共有されていること、そして個もその目的に対して共感しているかどうかです。自分も協力したい、この場のために自分の力を使いたいと思えるような場になっているかどうかです。場の目的や参加する理由が明確で、そこに参加することで、自分の人生にとっても良いことが起こると思うと、個と場の距離がぐっと近くなります。すると内部が安定してきて、何かトラブルがあったとしても、メンバーの忍耐力やリカバリーする力が強くなっていきますし、人間関係が密なので、「何かあったらすぐ辞めちゃおう」と思わなくなり、継続のしやすさにもつながります。

結局、「わからない」ということが一番絆を弱くしてしまいます。何のために自分がこの場にいるのかわからない、自分が何をしたらいいかわからないという気持ちがあると、帰属意識は芽生えません。自分の隣の席に座っている人や自分の上司のことをよく知っている、その上司が何を考えていてその場をどういう場にしたいのかを知っている、わかっているということは関係性の密度を高めていく上でとても大切なことです。それができて初めて同じ方向を見ることができるわけですが、新しく入ってきた人に対して、いきなり今月の目標はこうだからと成果を挙げるための動き・流れを先にレクチャーしてしまう残念なケースも結構あります。

新人が入って最初の数日は、チームのメンバーと一人15分でも30分でも話をして、どういう人たちがいる集団なのか、このチームが大事にしているのはこういう部分だというオリエンテーションをしっかりとして、その上で「このチームで最終的に目指すところはここなんだよね」とレクチャーする流れが理想的です。それがないと目的や目標は共有されていても、隣の席の人がどういう人なのか全然知らないままだとどうしても帰属意識が薄くなります。まして自分が考えた目的でもなければ自分が掲げた目標でもありません。そうなると、その場にいる意義を感じられないまま、気持ちが離れていってしまうのです。

Do型、Be型それぞれの場をうまく動かすには

前章で個はDo型とBe型のパターンに分かれていて、場自体もDo型とBe型があって、職場はDo型で家庭はBe型ということをお伝えしました。趣味のコミュニティは、サークルや習い事などで集まることが目的のBe型の場所になります。Be型は共感や安心感など、お互いのことを知っているということが土台になります。そもそも単に集まることが目的の場なので、安心感がないと誰も来てくれなくなります。仕事であれば嫌でも行かなくてはいけませんが、サークルなどは嫌なら行かなくてもよいところですから、居心地を大事にするというのがBe型の特徴です。子育てやグルメ、テニスサークル、ご近所の集まりなど、そこにいて何かをやらなくてはいけない、自分が遂行しなければいけないミッションは全くありませんが、ただ集まるだけで楽しくて、時間を共有するというのが、このBe型のコミュニティ。まれにD o型のコミュニティもありますが、成果や目的・目標がちゃんとあって、それをコミュニティのみんなが足並みを揃えてチャレンジするとか、実践していくというような色が強く、何かの試合に出場して結果を残したいというようなスポーツのコミュニティがこれにあてはまります。

コミュニティもBe型の要素しかないと、緊張感がなくなってきて飽きてきてしまいます。たとえばフラダンスの教室に毎週通っているけど、最初は楽しくてもそのうちにだんだん飽きてくる。すると先生はDo型の動きである発表会というイベントを入れます。するとみんな発表会に出るという目的ができます。発表会でこれを披露する、発表会ではみんな協力して成果を出す、それをやる目的ができることにより刺激が生まれ、継続しやすくなります。Be型のコミュニティにはたまにそうやってDo型の刺激を入れてあげることが長く継続する1つのきっかけ、カンフル剤のような役割を果たすので、社内活動などでも応用していただくと良いと思います。

一方、Do型のコミュニティの場合はひたすら成果を求められています。するとそこにBe型の安心感や共感などをより意識して入れていくことが必要になってきます。その場がどちらを目的としているのかということを、まずはコミュニティをつくる側が意識すると良いと思います。たとえば集まることが目的のＢｅ型のコミュニティなら、みんなは楽しそうに通ってきてくれているから、「今のところは、まあいいんだろう」とは思うけど、ひょっとしたらこのまま続けるうちに誰かが飽きてきて、辞める人が出てきてしまうかも。そうならないために、何かちょっとみんなでできるような「イベントをやってみよう」という提案をして、うまく動かしていくことができるかもしれません。

逆にＤｏ型の場であれば、やるべき作業、達成目標が常にあってみんなが動きっぱなしになり疲弊してくるので、たまに午後全員半休にして、ケータリングでも取って会社で交流会をやってみようなどと、Ｂｅ型の交流ができるような時間を設けます。場の目的がＤｏ型かＢｅ型ではっきりと違いがありますが、そこをうまく回していくためには逆の要素を少しずつ入れていくのがポイントです。

たとえばこの本を読んでいる方が、どちらのコミュニティをやっているか、どちらに属しているかによって表現方法が変わってくると思いますが、「そもそも人は共感されたら嬉しい」というのは、万人に共通するものです。中には共感されたら嫌だという人もいるかもしれませんが、基本的には、人付き合いを大事にしている人たちなら、自分と同じような考えの人や自分の気持ちをわかってくれる人がいると嬉しいものです。心の距離が近づけば近づくほど、心理的安全性を感じられる。Be型の承認欲求のエネルギーは、人間関係が心理的安全性の要になります。組織や会社、チームなどDo型のコミュニティを運営している場合は、このBe型のエネルギーをどうやって入れていくのかが課題になります。

そして、職場などのDo型の場にBe型のエネルギーを循環させるには、なんといっても「そこにいることが嬉しい」という存在承認が必要です。「君の代わりなんかいくらでもいるんだよ」などと言うのはもちろん論外で、あなたがここに関わってくれて本当に嬉しいということを表現し合える場だととても良いですよね。接触頻度もなるべく上げて、たとえば、できるだけ挨拶をしたり、管理職の人だったらメンバーみんなとコンタクトが取れるようにしたり、ヒアリングでもいいし、「元気?」とか、「調子はどう?」と声をかけるだけでもいい。目に触れる、目と目を合わせる時間というのがとても大事です。

あと必要なのは、自分のことを〝お伝えする〟自己開示。共に仕事をする人の素性がわからないと不安なので、相手に進んで伝えることはとても重要ですね。自己開示したくない人もいると思いますが、そういう余白を共有できる場所があるといいと思います。

第６章でご紹介しますが、実際の会社が行っている取り組みの事例で、たとえば、食事代は会社持ちで、スタッフ同士でご飯に行ってもらうという例が出てきます。こういったＢｅ型の交流ができるような工夫をすることが大事です。会社でしか見せていない顔を持っているからこそ、仕事以外の趣味や経歴など相手の背景を知ることで、自分との共通点や意外な発見があるかもしれません。先程も述べたとおり、「わからない」ことが一番不安を感じる要素になるので、相手に対して不安を与えないためにはお互いが自分のことを開示すること。これはとても大事なことです。

Be型は女将さん、Do型は小単位のリーダーが管理するとうまくいく

Be型の場では、〝女将さん〟というポジション、つまり一人で総合受付を担ってくれるような、女将のような存在。そんな人がわかりやすく存在していることが非常に大事です。そこにみんなが「これについて困っている」という悩みや相談も話せるような状態だと安心感も生まれますよね。チームリーダーとはまた別で、女将さんはマネージャー、管理人と呼ばれる人でもあります。管理人の存在が明らかになっていると、何かあったらAさん、別の何かがあったらBさんに振ろうとか、誰に伝達すればいいか明確に管理してくれるのでまとまりやすいのです。メンバー全員が女将さんの話なら聞くという関係性ができてきます。代表の人が女将さんと連絡を取り合うというシンプルなもので、その方がグループがまとまります。Be型の集まりの場合、お金のことはCさん、また違うことはDさんと色々窓口がわかれていると、混乱して結局誰に聞いたらいいかわからなくなり、不満を溜めて辞めていくということが起こりやすいのです。特に、人数が多いコミュニティはまず女将さんを立て、チームの総合受付はこの人だと周知しておくとうまくいきます。

逆にＤｏ型の集まりでは、全員で動く必要があり、できるだけ小さな６～８人位のチームを何個か作って、それぞれ一人ずつリーダーを立てるのが有効です。Ｂｅ型はリーダーが全体を代表する人一人でしたが、Ｄｏ型の場合は、リーダーが複数いる状態です。ただし女将さんは大人数を動かすことはできませんから、Ｄｏ型では女将さんは置かず、チームのリーダーたちがお互いに連携を取ったほうが良いのです。

Ｄｏ型の場の代表である企業は、こういう仕組みを作っていることが多いですよね。たとえば営業部、総務部、経理部など部署がそれぞれ分かれていて、そこのリーダー、部長が統括する場合が多いのですが、意外と部長さんたちは現場が見えていないことが多かったりします。Ｄｏ型の場ではサブリーダー的存在の人を置いて、より現場を見ている人同士が実務レベルで話し合う、そういう連携の場を持つことが大事です。リーダーはもっと上層部など会社全体と大きなやり取りをしていただいて、そこを現場に落とし込むようにするとよいでしょう。人によって違いますが、実務を理解していないリーダーの方は多いので、実務をわかって現場を実際に見ているサブリーダーの方たちと情報交換ができるような、主任会のような仕組みをつくると、より活発に現場が回り始めます。

Ｄｏ型の現場は、リーダーの素質やカラーに翻弄されるケースがよく起きています。管理職はリーダーを通してしか現場を知ることができないとなると、リーダーの報告が全てになってしまうので、現場が本当に必要としていることが伝わりにくくなります。それを防ぐにはサブリーダーと管理職の方が接触する機会を作ったり、管理職の方と社員の1on1の場を設けることで管理職が現場の課題を吸い上げることが可能になります。このような仕組みは作るのは大変ではありますが、とても重要なことです。

また、リーダーは、会議で決まったことをそのまま現場に持ち帰る力が必要です。これもリーダー同士の言葉の定義の問題になりますが、決まったことを勝手に自分の解釈で、少し捻って伝えてしまうリーダーもたくさんいます。すると現場は、決まったことと全く違うことをやってしまうというズレが起きてしまいます。そのため、決定事項が書いてある議事録などを配布するなどして、決まったことがそのままストレートに現場に落ちていくようにする必要があります。

心理的安全性の高いチームの作り方

■自走するチームができるまでのステップ、形成期にやるべきこと

それでは、心理的安全性の高いチームを自走させるためには、何から始めたらよいのでしょうか。

組織やコミュニティが自走するためには、４つの段階を経ることが必要です。今、自分たちが所属しているコミュニティがどのステージにあるのかによって、その後の取り組み方が変わってくるので、まずここを知っておきましょう。

そして、心理的安全性のある土壌を築く上で最も大切な時期は「形成期」そして「混乱期」です。この２期にやるべきことについて解説していきます。

まずは「形成期」。この時期はお互いを知る時期、関係性を築くときで、こまめに1対1で話をしたり、関係構築のための時間を保ちます。何のために何をするのか、役割は何なのかなどを浸透させる時期です。

そもそも何のために集まった集団かということが大義として掲げられているということが重要で、なおかつそれに対して横の信頼関係を作り、大義を達成するための目的や目標をみんなで目指していると、コミュニティとしては盤石になっていきます。これは、Do型もBe型も両方に共通することです。横方向のつながりが安心感を生み、縦方向は何かチャレンジする、成長や発展のエネルギーになります。この横方向のバランスを整えることが心理的安全性につながるので、「うちは業績を上げたいので、心理的安全性にかける時間はありません」という姿勢だと、結果的に場の土台が緩くなり、人の入れ替わりも激しくなるため、本当に達成するべきものが得られない事態に陥ります。

そうならないように場の土台を固めるためには、心理的安全性というものがいかに重要かということを念頭に置いていただきたいのです。そもそもの目的がどこにあるのかということもです。ただのサークルだと思って集まったのに色々指示されたりやらされたりしたら、辟易して逆に心理的安全性がなくなっていきますよね。その場にどういう気持ちで入ってきているのか、何をするために集まっているかという点も大事なポイントです。例えば、「会社の歯車」という言葉は良い使われ方をしませんが、自ら歯車になりにきていると思えば嫌にはなりませんよね。それも結局、自分の仕事がどうつながって何を生み出しているのかとわかれば、そこにやりがいが生まれてくるはずです。でも来る日も来る日もひたすら書類を作ったり、目の前の業務をこなしているだけだったりだと、自分に与えられた仕事を「不毛だな」と感じてしまうことが多くなってしまいます。

そうならないようにするためには、小さなチームや事業部の中でも、「我々はこういうことを目的とした事業部で、そのために君たちがこういう風に存在していて、この目的を果たすために君にこの任務をお願いしているんだ」ということを伝え、明確になっていることが大事です。それらがはっきりしていれば、起きた問題によって誰に確認すればよいのかがわかりますし、自分がいることで成り立っていると思えることは最高の存在承認になり、やりがいも出てきます。

そこでワーカホリック的になってしまい、休めないというふうになってしまうと本末転倒ですが、でもやはり自分がそこで活躍できている、求められているということを明確に感じさせてあげられる場になるのが理想的ですね。

自走するチームができるまでのステップ、混乱期をどう乗り越えるか

形成期で役割などを浸透させたものの、わかったつもりでわかっていないことなどが原因で、実行に移すと混乱が生じてしまう段階が、次に訪れる「混乱期」です。

この段階の期間は、さまざまな混乱が生じてきます。最初のまっさらな状態から色々なことが少しずつ見えはじめてくるので、「こんなはずじゃなかった」とか「自分はそんなつもりでやっていなかった」ということが出てきて意見が対立したり、場が乱れたりするのがこの時期の特徴です。最初はみんな必死だから脇目も振らず一所懸命やるべきことをやっていたのに、さまざまな疑問や不満がふつふつと生じてくる時期です。でもここがコミュニティとしては踏ん張り時です。

大体コミュニティというものは、1〜2年で潰れ、また作っては潰れ、ということを繰り返すものです。企業も3年以上持つところは少ないとも言われています。理由は多々ありますが、

多くが混乱期に対応できなかったためです。でも形成期でしっかりとルールづくりができていると、混乱期で多少の摩擦ができても、ルールに則って裁いていくことができます。混乱期では、現在何の問題が起きていて、そもそも何がしたかったのかという目的を再確認する必要があります。

混乱期は非常に重要な時期で、何が大事なことで、何によって摩擦が起きるのかということをきちんと見極めるときです。そこを整えたら強固な土台がつくれます。アクシデントをみんなで乗り越えることで、一つの大きな意思の塊、一枚岩になれるチャンスでもあるので、実は波乱はあったほうが良いのです。でも異論や反論が怖いものだと思ってしまいがちです。先述したように、日頃から同じがよくて違いがだめだという土台を作ってしまうと、異論や反論が出るとみんな嫌になって面倒くさいという空気になります。この異論・反論に興味を持ち、「どうしてこういう意見が出るんだろう？」と話し合い取り入れながら運用していくことで、コミュニティは非常に強固なものになっていきます。違う意見は歓迎すべきとわかっていても、言われるほうは構えてしまいがちですよね。でも、むしろ異論・反論は大歓迎してください。言う方はとても勇気がいることなので、言いにくいことが出てきているという点に喜ぶべきなのです。逆に異論・反論が出ないことは心理的安全性がないという裏返しでもあるからです。

そして、混乱期にしておきたいことは、もう1つあります。

違う意見が出たときに、お互いの意見が平行線になってしまい、なかなか結論まで到達しないということがあります。議論が対立したときにはどちらかに意見を寄せて終わらせることが多いですが、そうではなく、どうすれば双方の意見を汲み取ってベストな回答が出せるかという、異なる意見をすり合わせていく方法を知っておくと役立ちます。対立の多くは、「正しさ」対「正しさ」の対立で生まれてくるものです。人それぞれ価値観が違うので、全員「正しさ」の定義が違います。ですから最初に「この場における正しさ」についてルールを作っておくことが第一です。それがないと、自分の思う正しさのみで対立を深めていってしまうことになります。その結果どちらが正しい、間違っているという論点になって、場が険悪になってしまいます。

その場合、お互いが我慢するか、自分がよくても相手が我慢するか、相手がよくても自分が

主張の裏にはメリットがある

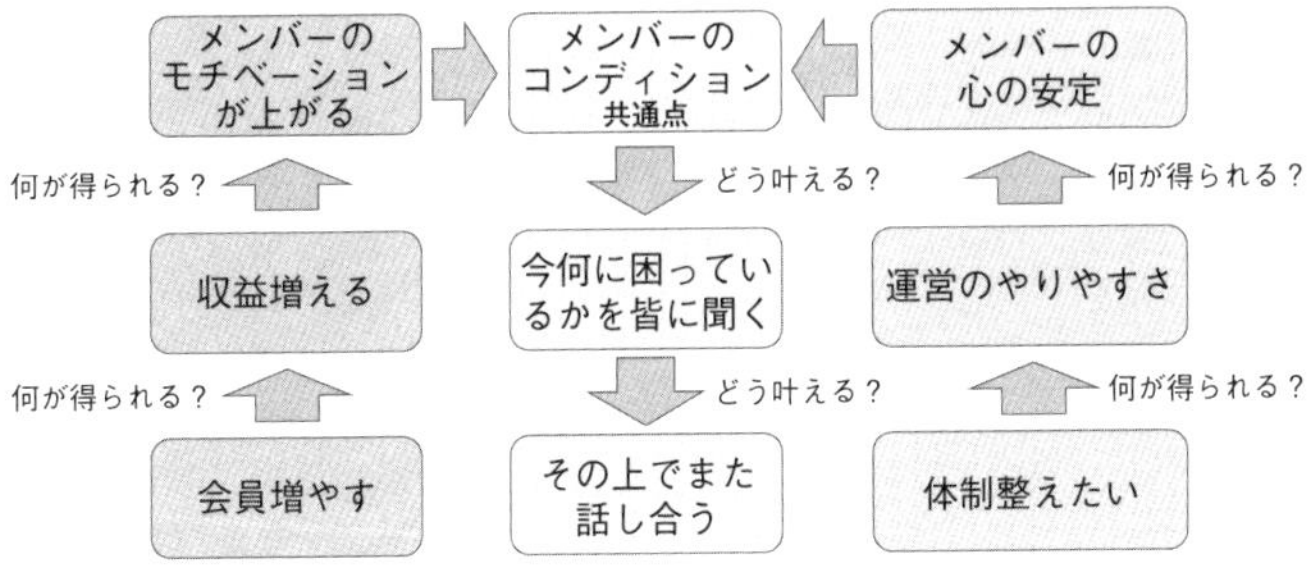

我慢するかということになりがちです。本当はお互いが納得できるような決着を付けられるのが一番よいですが、それぞれの主張の裏には、各自感じるメリットかこだわりがあるわけですから、自分の主張に引っ張られてしまいます。

例えば、

Aさん：今は、会員数を増やしたほうがいいと思う。

Bさん：いや、今は会員数より体制を整えることが先だよ。

という感じで議論が始まったとしましょう。

なぜAさんは、「今、会員数を増やしたほうがいい」と主張しているのか。では、Bさんがそのように主張する理由はどこにあるのか。その裏側にある本当の動機が見えてくると、そこに共感できるか、それを実現するにはもっと別の手段があるのではないかと判断できます。そのため、主張の裏側に興味を持つことが大事なのです。

Aさんの主張、会員を増やすことで何が得られるのか考えると、まず「収益が増える」ということです。収益が増えると、メンバーがやる気を出す。などと順に挙げていきます。

一方、会員を増やす前に体制を整えるべきという意見の場合は、体制を整えると運営がやりやすくなり、運営がやりやすくなると、メンバーの心が安定する、というところに行きつきます。実はこの二者は違う意見を言っているようで、メンバーが快適になるという共通の最終目標が論点になっているとわかります。

ではメンバーのコンディションを整えるには、いま私たちがしなければいけないことは何だろうと考えます。すると、このやり方でメンバーは安定するのではないかと勝手に言っているけれど、当の本人たちには意見を聞いていないので、ヒアリングが先ではないかという意見も出てきます。それでみんなの意見を吸い上げて、もう一度メンバーのモチベーションを上げて安定を図るために何ができるかを話し合おうという流れになるのではないでしょうか。

このように人間は、それが叶ったらどうなるのか、さらにその次が叶ったらどうなるのかと聞いていくと、大体の人が最終的に「世界平和」という答えにたどり着きます。階層は違っても、どこかで似たような答えを出すことができるものです。それを叶えるための手段が違う言葉で出てきているだけで、実はやりたいことは同じだったということは非常によくあること。なぜこれを主張しているんだろう、それが叶うことでこの人は何を得たいんだろう、というふうに抽象度を上げていきます。すると、「そんなふうに思っていたんですね、実はそれは私も叶えたいと思っていることで、私はこっちの手段がいいと思っていたんだけど、あなたの言う手段でそれが叶うなら私もそれに乗ります」という会話ができるようになってきます。

多くの方が、枝葉の議論で、「そっちがいい」「いや、あっちがいい」と言って小さな対立を繰り返していることがありますが、この言葉の裏にある目的を追求していくやり方を実行していくと、本当にたどり着くべき答えを見いだせることができるようになります。

対立する意見のすり合わせ方法を知っていれば、場はうまくいく

言葉の裏にある本当の目的を探す、やり方を頭でわかっていても、いざ実践となると難しいですよね。そんな場合はこのロールプレイングを社内研修に取り入れて練習してみてください。図表を使って、空白の部分をみなさんで話し合って埋めてみてください。

もちろん、この方法はご家庭やサークルなどのプライベートのコミュニティでも、意見の不一致が生じたとき、あらゆる場で使えます。

たとえば、みなさんのご家庭で余剰金が100万円あって、何に使うかとなったときに、一人は車を買いたい、もう一人は海外旅行に行きたいとなると、全く使い道が違うので揉めますよね。車の頭金50万と海外旅行50万のような感じで割り切ればいいですが、そうも行かない場合、先程ご紹介したやり方をおすすめします。

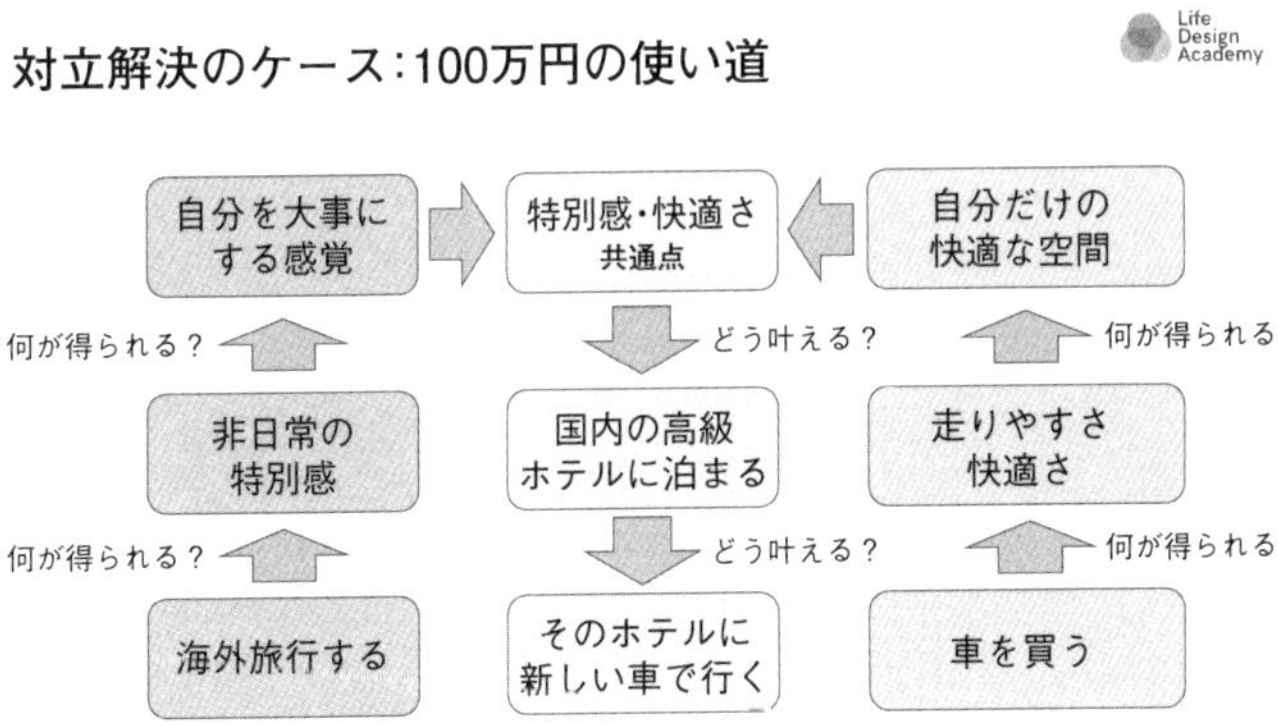

海外旅行の目的が「非日常の中で特別感を得られる」であれば、特別感を感じると何が得られるのかを考えます。「自分がお姫様みたいに大事にしてもらえる」など理由が出てくるはずです。一方、車を買うとどうなるのかというと「便利になって快適になる」。そうなると、「自分だけの空間で快適な移動ができる」。この二者が求めることから、「自分たちはこの１００万円を使って特別感や快適さがほしい」というのが共通の目的になるということを導き出すことができます。

では、それを１００万円分の海外旅行や、１００万円の車以外で叶える方法は、あるのでしょうか。たとえば、国内の超高級ホテルに泊ま

対立が起こったらこの図に当てはめて共通点を導き出してみよう

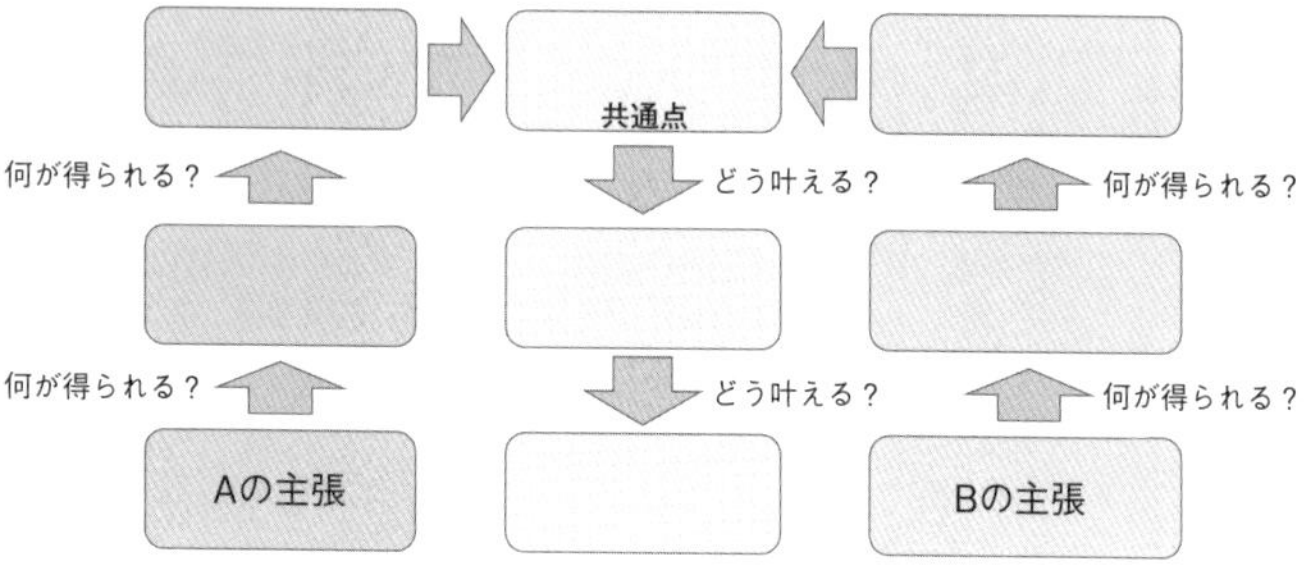

ってみる。一泊20万円の部屋だとしたら、予算が80万円余ります。「80万円の頭金で車を買って、快適なドライブでラグジュアリーなホテルに泊まりにいくというのはどうか」という提案もできますね。こんなふうに、素早く解決策に落とし込むことが可能になるのです。

もう1つ別の例を紹介します。これは実際にあった例ですが、とある場所を借りているオーナーが、家主への収益分配についてメンバー間で揉めた話です。一人は、収益は家主に半分渡して欲しいというメンバー、もう一人は、これまでと同様に分配は変えずに運用の中で活用したほうがいいというメンバーで主張が2つに分かれました。前者は家主さんに喜んでもらいた

対立解決のケース

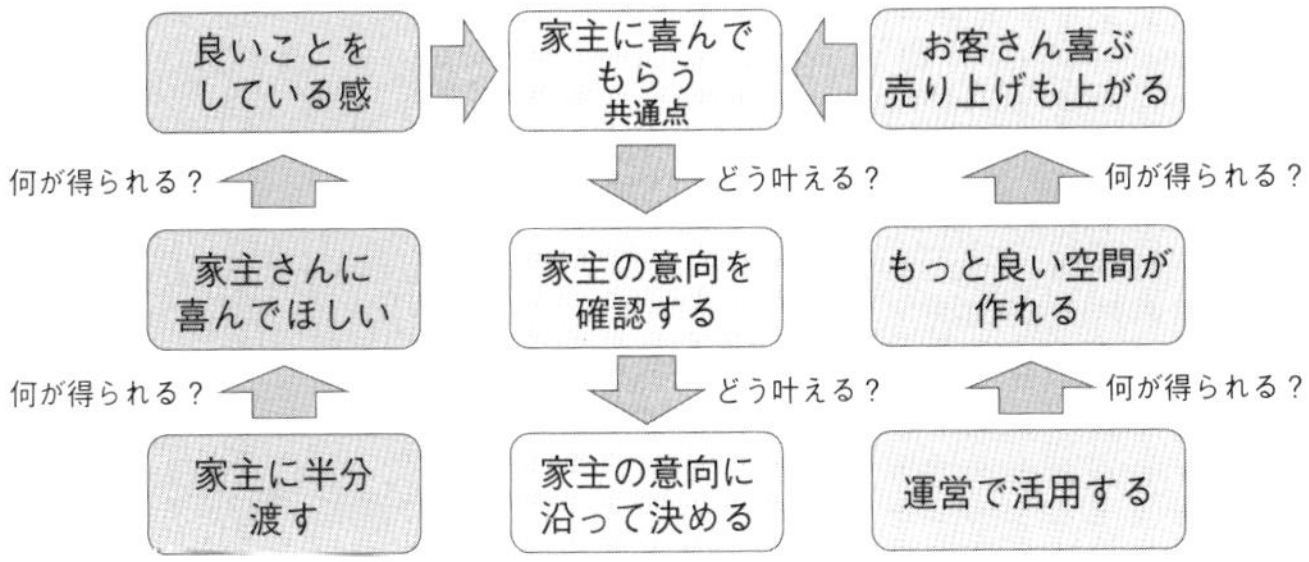

いという目的があり、後者は運用で収益を活用すればもっといい空間が作れる、そうすればお客さんも喜んでくれて収益も上がるので、その結果、家主さんが喜んでくれるという考えでした。

結局のところ、どちらの主張にも家主に喜んでもらいたいという共通点が出てきたので、ストレートに家主に意見を聞いてみようという話になりました。ところが、家主はお金を欲しがっているわけではなかったのです。それはメンバー側の思い込みで、家主さんの望みは、「みなさんがここを楽しく使ってくれること」だったことがわかり、運用の中で活用することに落ち着きました。このように、勝手な価値観と思い込みで「こうだろう」、「こうに決まっている」という前提で議論を始めてしまいがちですが、本当にそうなのかという視点に立ってみると、色々な視野が開けてきます。

共通点をいくら探しても見つからないケースもありますが、その場合はお互いの主張以外の選択肢を探してみるのも良いかもしれません。どちらかの意見にかたよることなく、二つの選択肢以外で何かないだろうかと考えたり、別々にやれることであれば別々でやってみたりすることも有効だと思います。その他の解決策としては、そもそもの「この場の目的」「このプロジェクトのコンセプト」を考え直すことも一案です。

意見が対立することに対して悪い印象を持つ方もいらっしゃるかもしれませんが、違う意見が出てくるということは、メンバーがそれぞれ意見を持っているということですから、それは喜ばしいことです。一番残念なのは、対立ではなく、何も意見が出ないことです。だから意見が出せるような心理的安全性の高い場になっているかそうでないかということが大切なのです。

会話の中でこの対立の解決ができるようになると、人と揉めることがなくなって気持ちが楽になります。職場のチーム内ではもちろん、夫婦や親子関係、友人関係も同様です。あらゆるシーンで役に立ちます。こういう解決の仕方をみなさんが覚えてくださると平和な世の中になるのではないかと思います。

ときどき、「相手はなぜこれにこだわっているんだろう」「自分はこれを絶対にいいと思っているんだろうけど、他の人はどうなんだろう」などと疑問が湧くことがあります。人と自分は違っていて良いものだという前提、つまり「私は私の主張を素晴らしいと思っているけど、相手は相手の主張の正しさや素晴らしさがあってああ言っているんだ」と思って関わらないと、誰しも自分の意見が絶対だと思っているのでお互いに自分の主張をなかなか捨てられません。

ただし、お互いにそのこだわりを手放せないと議論が進まないケースがとても多く、なぜそんなにこだわっているんだろうということを紐解くと、「本当はその主張を通してこれが欲しかったんですね」とか、「こういうふうになってしまうのが嫌だったんですね」などということがわかってきます。そして、それがわかると、自分も同じことを思っていたと言う人が増えてきて、賛同された人も共感してもらえると嬉しいので、「じゃあ別の解決法で考えよう」と団結が強まっていきます。

人は本当に欲しい物とか、本当にわかってほしいことに触れられると、そこに心理的安全性が湧いてくるもので、その後の流れもスムーズにいくものです。

ぜひこれを実行して、混乱期を一致団結して乗り越え、強固なコミュニティを築いてください。

第1章からこの5章まで、心理的安全性とは、「人の心には扉があるということ」「自身のコンディションの整え方」「対個人のコミュニケーション」、そして「集団におけるコミュニケーション」について学んできました。心理的安全性のある関係作りには何をすればよいのか、多くのことが見えてきたのではないかと思います。

最後の第6章では、これまでご紹介したことを実際に取り組んでいる企業2社の事例をご紹介します。

第6章

毎日
行きたくなる
会社の場づくり
実例紹介インタビュー

いよいよ最後の章となりました。この章では、実際に心理的安全性の高い場作りを行っている2社の企業事例をご紹介します。本書で解説してきたことを実践されているところばかりですので、参考になればと思います。

＊以下、インタビュー内敬称略

事例1 GAKOPULA（ガコプラ）株式会社

愛知県名古屋市にあるGAKOPULA（ガコプラ）株式会社。「教育革命で世界を面白く」をミッションに掲げる、2014年設立の教育サービスの提供を行う会社です。

〈座談会参加者〉
杉本純一社長
R・Oさん
K・Iさん

M・Wさん
K・Kさん
Y・Sさん
R・Mさん

インタビュアー小野：まずは杉本社長にうかがいたいのですが、スタッフとの関係性において、「みんなの居場所になるように」という想いをどんな形で持っていらっしゃるのか、「ガコプラにとっての居場所」についての定義のようなものがあれば教えてください。

杉本：定義としては、やっぱり「自分らしく生きてほしい」ということです。会社でも会社以外でも活躍してほしいですし、「会社だけがすべて」とか「仕事だけ」ではなく、プライベートも含めてしっかりと関わっていきたいという想いがあります。

当社の特徴の1つとして、元々生徒さんや会員だった方がスタッフになることが多いので、入社するまでの過程をお互いに知っているということがあります。そういった意味では、入社時には、すでに会社で働いている人のことや商品、理念についてもある程度わかってくれているので、入社後に大きなギャップを感じることなく働けるのが大きな特徴だと思います。

特にコロナ禍後は、働き方に関してはほぼフリーで出社義務もあまりなかったため、テレワークで出社してもいいという感じでした。みんなでカレンダーの共有をしているので、どういう活動をしているかということはおおよそ確認できます。「縛り」については、私から見たらそんなにないと思いますが、その分、自分で考えて仕事していかないとちょっと大変かもしれないですね。そういった部分でみんなにある程度裁量を任せていて、トップダウンで働き方を決めるというような感じではありません。

小野：なるほど。では、コロナ禍以降は、事務所に誰かが常駐しているということではなく、出社の必要がある人が出社するという形なんですね。

杉本：そうですね、生徒さんや会員の方が利用するコワーキングスペースの開場もスタッフがやっていたのですが、今は鍵をつけて会員さんが24時間自由に開け閉めできるようにしているので、誰かが絶対来なければいけない仕組みではないんです。

小野：なるほど。今、リモート勤務という状況下で「社員間の関わりをどのように作っていくか」ということを課題にあげている企業さんは多いのですが、ガコプラはコロナ禍の前と後で、その関わりの密度を上げていくような取り組みは何かされていますか？

杉本：特別なことはしていませんが、コロナ禍でも月に一度はみんなで集まって飲み会などはしていました。みんなで仕事とは別で飲んだりすることはコロナ禍になる前からずっとやってきたことです。それ以外に関してはオンラインでやり取りしている部分が多いですね。新たな取り組みとしては、今後はミーティングや会議といった堅苦しい感じをやめて、ランチ会のようなフラットな感じにしていこうと思っています。

小野：今までもそんなに堅苦しい感じではないですが、よりフラットにということですね。では、社員のみなさんにもうかがいますが、自分が入社する前と後で感じた違いや、良いこと悪いこと含めてギャップを感じたことがあれば教えていただきたいです。

R・O：最初、個人の業務委託の営業マンとして会社に関わって、その後、運営スタッフとして入社して、すぐ役員になったので、それほどギャップは感じなかったです。

小野：外部の人として営業の仕事だけを行っていたのでしょうか？

R・O：そうです。みなさん生徒さんとも仲が良く、近い距離で関わっていますが、会社の規模が大きくなるにつれ、その距離についても考えなくてはいけない部分は出てくるのかなとは感じています。

小野：考えなくてはいけない生徒さんとの距離感とは、どういうことですか？

R・O：フラットでいようとは思ってはいますが、あまりプライベートの部分で関わりすぎることはしないように心がけています。でも今は、どちらかというと社員間で関わっている方が多いので、生徒さんと接する機会は減ってきています。

小野：入社当時は生徒さんと関わる時間が多かったけれど、今は内部のスタッフさんたちと関わっていることの方が多いという感じですね。スタッフさんと関わる中で「心理的安全性」、つまり会社の居心地を良くするために、会社として「みんなでこういうことをやろう」という話をしているとか、自身が意図的に行っていることは何かありますか？

R・O：先程言ったように、生徒さんとはある程度距離をつくるように意識しているのですが、社員と運営メンバーの間では、プライベートの関わりがしっかり持てるといいと思っています。みんなでサウナに行ったりすることもありますし、そういった部分や、個別の連絡も積極的にしていこうかとは考えています。

あとは、会社として考えていることですが、ミーティングなどは極力減らして生産性を上げる時間を増やす方向にしたいですね。みんなで話す時間を設けるのはミーティングではなくて、先程杉本が言ったようにランチ会などのフラットな話の中で共有できるのがいいのかなと、そういう仕組みにスライドしている感じですね。

小野：なるほど、ありがとうございます。それでは、次はK・Iさんからみて、「ガコプラって
こういうところが居心地がいい」と感じる部分を教えてください。

K・I：「社員同士仲がいい」点に居心地のよさを感じています。僕の場合、前の職場では本当に社員同士仲が悪かったので（笑）。雰囲気が悪くて、年に1回しかない飲み会すら行きたくないぐらいでした。ガコプラに入社して3年目になりますが、前職と真逆の環境なので、僕自身もっとほかの人と関わりたいと思っています。今年からは僕なりの取り組みとして、誰かの誕生日などのお祝いの時にはサプライズをしようと思っています。

小野：ご自身もされたことはあったんですか？

K・I：もちろんあります。誕生日や出産祝いなど、機会あるごとに社員同士おめでとうと言い合えるって、それだけで嬉しいし、やりたいと思える素敵な環境だと思います。

小野：なるほど。メンバーのプライベートなお祝いごともみんなで祝うという感じですね。K・

Iさんがいままでサプライズをしたりされたりしたなかで、この祝い方は印象的だったというエピソードはありますか？

K・I：直近で言いますと、杉本社長をサプライズお祝いしたときです。ここにいるメンバーのY・Sとガチで喧嘩をしたんです（笑）。もちろんお芝居でですが、びっくりさせてからのおめでとうというサプライズをしたことです。

小野：（笑）。社長は実際どうだったんですか、そのサプライズを受けて。

杉本：毎年自分の誕生月になると、なんとなくわかるというか、期待するじゃないですか、毎年のことなので。でもそのときは本当に、人生初の「サプライズ」でしたね。2人が隣の事務所で打ち合わせをしていたんですが、そこからもう仕掛けられていたようです（笑）。

小野：なるほど（笑）。

杉本：でもその打ち合わせの内容自体は本物だったので、何の違和感も感じていなかったんですが、いきなり隣の部屋からすごい怒鳴り声が聞こえてきたんです。「何事か」と思って見に行ったら2人が大喧嘩していて。殴り合いをしていたわけではないですが、声だけで喧嘩していたので、「うちの会社も遂に終わったな」と思ったくらいです。「明日どちらかが辞めるだろうな、どうしようか」と思いながらもその喧嘩を横から冷静に見ていました。そこから急に誕生祝いに突入したので、びっくりです。とても嬉しかったし、本当の意味でのサプライズでした（笑）。

小野：安心も同時に感じたから、より印象に残ったのでしょうね（笑）。段々ハードルが上がっていくから、仕掛ける側も大変ですね。来年これ超えなきゃいけないというものがなんとなくあるというか。

杉本：来年以降も楽しみです（笑）。

小野：では、M・Wさんからみて、会社の居心地の良さを感じるということがあれば教えてください。

M・W：そうですね、僕の場合はウェブ周りのことを担当しているんですが、ずっと家で仕事をさせてもらえるところが気に入っています（笑）。コロナ禍のタイミングで在宅勤務に切り替わったんですが、自分にとっては自宅が非常に居心地いいと感じるので、気持ちよく仕事させていただいてますね。

小野：おうち大好き派なんですね。先程のK・Iさんもそうでしたけど、以前いたコミュニティと、このガコプラの違いは何かありますか？

M・W：新卒で入った会社と比較して考えると、社長との距離が近いですし、福利厚生として社員間でのランチは一人につき月一回補助が出るなど、横の交流をするための会社として後押ししてくれているのを感じます。

小野：社長の想いは、ご飯を一緒に食べて仲良くなってほしいということでしょうか。

杉本：そうですね。仕事以外でもランチの時間などで、スタッフ同士の連携を取ってもらえればという想いで補助をしています。コロナ禍に入ってから始めたのですが、活用してくれている方は多いです。リモート勤務をしている方は、オンライン上でのランチ会でも利用しているのかもしれません。

小野：それはありがたいですね。M・Wさんからは、しいて言えばもっとこうだったらいいなと思うような、ここはまだ伸びしろがあるなという部分は何かありますか。

M・W：ちょっと今、パッとは出てこないですね。

小野：素晴らしい、現状の段階ですごく満足してお仕事できているということですね。みなさんが、M・Wさんに会いたいときはどうしているんですか？

M・W：週に2回は会社に行きます。

小野：なるほど、ずっと家にいるわけではないんですね。コロナ禍だとウェブ周りのお仕事が特に重要だと思いますが、在宅で仕事をしていて、周りのスタッフに頼ったり、お願いしたりということは、スムーズにできる環境ですか？

M・W：元々Lineでやり取りしていたのですが、コロナ禍になったタイミングでslackというチャットツールに移行したり、会社としてやり取りしやすい状態に切り替えができています。

小野：進捗状況の確認や情報共有が楽にできるようになったんですね。では、次はK・Kさんにうかがいます。ガコプラでの居場所について、どういう部分に居心地の良さを感じますか？

K・K：前職では建築関連の会社に勤めていましたが、上のミスを部下のせいにするなど理不尽なことやパワハラのようなことが多く、社長や上司をあまり尊敬できませんでした。今の環境は真逆で、上の方に対してすごく信頼感があります。

小野：今は、たとえば周りの上司・社長を含めて、何かミスや間違いがあったときもフォローが入ったり、安心できる環境があるということですか。

K・K：きちんとフォローしてくださいますし、何かトラブルや悩みがあったら一緒に考えてくれる環境です。

小野：フォローしてもらって印象に残っている例はありますか？

K・K：仕事のことで悩んでいる時に、R・OさんがLineで食事に誘ってくださったときは、すごく嬉しかったですね。

小野：R・Oさんは、北斗さんが悩んでいると言わなくても、なんとなく悩んでそうだなと察知して送ったんですか？

R・O：僕たちは結構みんな仲がいい方なので、どんなことを考えているかなどはなんとなく。数字などをみてもわかりますね。

小野：なるほど。Ｋ・Ｋさんは、ちゃんと気持ちを汲んで関わってくれる人たちが周りにいるという状況は安心感につながっていますか？

Ｋ・Ｋ：そこはやっぱり安心感と呼べるところですね。

小野：Ｋ・Ｋさん自身が周りの仲間の居場所を作ったり、守っていくために心がけていることは何かありますか？

Ｋ・Ｋ：僕も完璧にできているわけではありませんが、何か問題があったときでも、なるべく僕だけは味方でいようということは意識しています。何かあればいい意味で叱ってくださる会社なので、それはすごく良いことだと思うんですが、叱られた本人は凹まないわけではないと思うので、そういうときになるべく寄りそうような関わりをしようと心がけていますね。

小野：じゃあ会社としてその人に鞭が入ったら、自分は飴ちゃん担当になってあげようかなというようなことですね。

K・K：そうですね。

小野：素晴らしいですね。それも全体プレイというか、もちろん愛情のある叱られ方をされているいると思いますが、それでもみんな、わかっているよとフォローが入ることにすごく救われる感じがしますね。このなかで痛い叱られ方をされた方はいらっしゃいますか？　みんなされてるかな（笑）。R・Oさんはあまりないですか。

R・O：じゅんさん（杉本社長）は、まったく怒らないからわからないです。

小野：社長は、社員さんが仕事上でこれをしたら「怒りが爆発するよ」というポイントはありますか？

杉本：自分の中の基準ではありますが、会社の仕事の内容云々というよりも、人としてやってはいけないだろうということをやってしまったら怒るかもしれないですね。それがどのような線引きなのかわかりませんが、怒るときは沸点が到達したときだと思います。でも小さなことは気にしません。いちいち気にしていたらやっていられませんから。自分が怒りの感情を表に出すと職場の雰囲気に悪い影響が出てしまうので、自然に小さいことは気にしなくなったという感じです。

小野：でも、沸点に達するだけの何かが起こったときは……。

杉本：怒るかもしれないです（笑）。

R・O：K・Iさんは、じゅんさんに怒られたことが1回あると言っていましたね。

K・I：ありました、K・Kさんに慰めてもらいました（笑）。

小野：具体的にどういったことで社長が怒ったのですか。

杉本：ちょうどK・Iさんが正式に社員になる前のことです。当社の業務は、ハードではあったのですが、やる気があって入ってきたと思っていたんです。でも入社後1〜2週間で「辞めます」と言ってきたので、結構激怒したのを覚えていますね。社員になった今はフラットに接してくれていて、その時のことは忘れているんじゃないかなと思いますが。

K・I：忘れてはいないですが、あれはもう引きずってはいないです（笑）。

一同：笑。

小野：ちゃんと自分の中で完了している感じですね。

R・O：K・Iさん、じゅんさんのことなめているでしょ。

K・I：いやいや、尊敬していますよ。

杉本：なめているとわかっているんで、受け流すようにはしています（笑）。

K・I：というくらいの冗談を言い合える仲です（笑）。

小野：素晴らしいです。では、Y・Sさんはガコプラの居心地の良さは、どんなところだと思いますか？

Y・S：何をやるにも共感してくれて、応援してくれて、肯定的に関わってくださるところです。自分の可能性を信じて関わってくれるところは居心地がいいなと思っています。

小野：「こういうことをやりたい」と提案したときなどに、「いいね」など反応が返ってくるということでしょうか？

Y・S：そうですね、社員になる前は代理店の営業マンとして関わらせていただいていて、今やっている英会話スクールの事業を立ち上げたんですが、その時「こういう新規事業をやりたい」と言ったときに応援してくださいました。今も自分が提案したとき、頭から否定せずに共感してくださるところはとてもありがたいと思っています。

小野：ほかのみなさんも、「こういうことがやりたい」と言ったことが形になった経験をお持ちの方はいらっしゃいますか？

R・O：当社は、やりたいことは大体許可してくれますね。M・Wさんがリモート勤務のため引きこもりでも「全然OK」という雰囲気です（笑）。会社に来なくても業務回していれば大丈夫という。

小野：そのあたりも、信頼関係がないとできない部分かなとは思います。Y・Sさんは、ご自身で居場所をつくり出すような努力や取り組みなど、されていることはなにかありますか？英語の事業代表だと生徒さんに関わっていらっしゃることが多いのでしょうか。

Y・S：そうですね。

小野：では生徒さんとの関係も含めて、どういう状態を提供できたらいいなと思っていらっしゃいますか？　またその状態をつくるためにどんな努力をしていらっしゃいますか？

Y・S：ありがたいことに継続性があるというか、生徒さんの満足度はなぜか高いです。

R・O：コンテンツを作ったり、丁寧に対応しているからね。

Y・S：一人ひとりとプライベートの関わりなども大切にしています。

小野：英語の勉強をやって終わりではなくて、「最近どう？」と声をかけたり、その人のバックボーンやプライベートも含めて会話に上がってくるということですか。

Y・S：そうですね。たまに遊びに行ったりとかもしますし。

小野：Y・Sさん一人でやっているんですか？　ほかに英語の授業に関わるスタッフの方は？

Y・S：僕がメインでやってはいますが、K・Kさんに集客の手伝いなどしてもらったりとか、デザインを他の人にしてもらったり。いろいろと助けていただいています。

小野：じゃあ生徒さんが増えてくると遊びに行くのも大変になりますね。

Y・S：そうですね（笑）。そのときはグループで遊びに行きます。

小野：楽しそうですね、早くそうなりますように！　では、次はR・Mさんが感じるガコプラの居心地の良さについて教えてください。

R・M：みんな教育が好きということが共通している点だと思いますが、そこから人がどうしたらよくなるのかということや、生徒に成果が出たという話ができる点は、楽しいと思いますね。僕はその人が出した成果や、その人がこういう挑戦をしたよという話をシェアしながら、「成長したね、あの子」という感じで喜び合えるのがうれしいです。

小野：なるほど。良し悪しはコミュニティによって色々あると思いますが、R・Mさんは前職のコミュニティと比較して、総じてガコプラはどのようなところが素晴らしいと思いますか。

R・M：僕は前職、大手自動車メーカーで車を販売していました。全体的に絶対目標達成しようという空気もなく、社員とは仕事のつながりだけという感じでした。でもここは人対人としての関わりは強いと感じますし、上下関係もあまりないと思います。だからか、ほかのコミュニティも色々あると思うけど、そちらにわざわざ入ろうかなとは思わないですね。

小野：R・Mさんの分析で、上下関係を感じない秘訣は何かありますか。

R・M：良くも悪くも社長や役員の方たちが下りてきてくださる点にすごく親しみやすさを感じますし、ハード面に関しては、事業部間の距離が近いことでコミュニケーションが取りやすいです。あとは比較的上から下まで年齢層が近く、ちょっと年上の先輩、年下の後輩くらいの距離感なのはいいのかなと思います。

小野：部活のような距離感という感じですかね。今日参加していただいているのは全員男性ですが、女性もいらっしゃるんですか？

R・O：はい、おります。

小野：安心しました（笑）。いま採用担当はR・Oさんですか？

R・O：いいえ。人事部があるわけではなく、人材を積極的に募集・採用しているわけでもありませんが、役員で話して決めて採用に至るということはあるかと。

小野：このインタビューを読んで面白そうだなと興味を持ったり、自分もこういう会社に入りたいという方に向けて、ガコプラはこういう人を歓迎しているという、採用して仲間に引き入れる基準のようなものがもしあれば教えていただきたいです。

杉本：新規に募集をかけて採用というよりは、生徒さんというつながりなどの中から採用に至ることが特色ですね。待ちの姿勢とか、与えられた仕事だけやるという方は、多分当社には合わないですし、正直僕らもそれを求めてはいません。一番の理想としては自分で色々提案をして進んでいける、たとえば「これをやるにもこれくらい予算がかかるけど、クリアするためにはこうするのはどうかな」など、どんどん提案してくれたら嬉しいです。会社自体もチャレンジしていく中で、スタッフのみんなもどんどんチャレンジして提案していってもらいたいですし、色々なことに興味を持ってほしいとは思いますね。それが仕事でなくても人間関係や趣味でもなんでもいいですが、幅広く興味を持てる人だったら当社に合っていると思います。

もちろん、「優秀な人」といったらキリはないですが、何か一つでも特化したスキルを持った人は歓迎したいです。抜きん出ていなくても、人間性の部分、マインドをしっかりと持てる人であれば歓迎しますし、当社では働きやすいのではないかと思います。

小野：なるほど、ありがとうございます。あと、これはぜひ言っておきたいという印象的だったエピソードなどはみなさんありますか？

杉本：これは完全に無茶振りでしたが、新入社員の入社式を三重県の伊勢神宮でやって、終わった後、伊勢神宮から新入社員だけ「ヒッチハイクで帰れ」と。それが最初の儀式でした。ここにいる大半のメンバーが経験していますね。

K・I：後は夜間歩行ですかね。

R・O：岐阜駅から名古屋市の大須観音まで夜間歩行しました。本当は8時間程度で着くはずが、一人、足が動かなくなったりして12時間くらいかかりましたね。でもみんなでしんどい状況を乗り越えて。社員だけでなく生徒さんたちも巻きこんでいったので、すごくいい思い出になりました、苦しいことも一緒に乗り越える体験ができたので。

小野：K・Iさんはヒッチハイクを経験されたとか。

K・I：時間ギリギリですが戻れました。最初の1時間はまったく車が停まってくれなかったです。「乗せてくださいお願いします」と困った顔をしていたら停まってくれないんですが、逆にニコニコして「僕を乗せないと損ですよ」という感じで「名古屋まで」というプラカードを掲げていたら乗せてくれました。そういうふうに、ヒッチハイクで学ぶことが多かったです。

小野：なるほど！　いいですね、それは仕事をする上でもすごく大事なマインドチェンジになったかもしれないですよね。

K・I：乗せてくれた方を退屈させないように話をして、ひたすらもてなした経験は、仕事でも生徒さんに接するときに活きているんですよ。

小野：会社はそこまでの意図をもってヒッチハイクをやらせたのでしょうか？

K・I：多分そうだったのではないかと思いますね。

小野：深い。そう考えたらヒッチハイクはみなさんやったほうがいいですね。では社長、最後に何かありましたらお願いします。

杉本：これはやってよかったなという取り組みで、「アリコ」という自社開発したアプリがあります。ほとんどの会社は評価制度があると思いますが、一番わかりやすいのは、営業で売上を上げれば評価が高くなるということですよね。でも会社はもちろん営業だけで回るわけではないですし、色々な人の支えがあって成り立つものです。

だから、目に見えないところで評価する点にフォーカスして、スタッフ同士でお互い「ありがとう」と言える仕組みのアプリを開発しました。何か手伝ってもらったり、率先してやってもらって助かったりなど、業務内で誰かに対して「ありがとう」と思えたら、感謝のメッセージをお互い送り合えるんです。感謝を口頭で伝える方法ももちろんありますが、なかなかできない場合もあると思います。特にリモートワーク化が進んだ環境では直接言いたくても言えない状況は出てくるので、アプリを通じて「ありがとう」と伝えられるようにしました。

そして、それが貯まった分が報酬、給与に反映されます。売上に直結しないような動きでも相手のために行動した分が報酬になるような形を作りたかったんです。通常の給与は振込制ですが、アプリで貯まった分の報酬に関しては直接手渡しでするようにしています。社内のコミュニケーションができていないという経営者さんは多いですし、「もっとスタッフ同士でもコミュニケーションがあれば生産性が上がるのに」という経営者さんの声もあるので、このアプリの話をすると「その取り組み、いいね」と言ってくださる方も結構いらっしゃいます。

小野：そのシステムを使いたいという会社さんが出てきたときに提供できるような環境ですか？

杉本：そうですね、有料アプリをリリースしているので、お問い合わせいただければアプリの説明をさせていただきます。

小野：ありがとうございました。社長さんやスタッフさん同士の関係が近かったり、相手のことをよく知ろうと努力をされていたりと素敵な会社だなと思いました。やはりこういう状況でリモートになってしまい人間関係が希薄になった会社さんはとても多いと思うので、そういう方たちの参考になると思います。

事例2

三和ホールディングス株式会社

最後は、三和ホールディングス株式会社（本社・博多）の代表取締役社長・石井清悟氏にお話をうかがいました。

三和ホールディングスのグループ会社の1つであるアイリンクス株式会社が運営する企業主導型保育園「ハピネス保育園」。2019年から新規事業として始めたもので、子どもの自己教育であるモンテッソーリ教育を行っています。この保育園の運営をすることにより得たことが、ビジネス事業への学びや気付きにもつながったそうです。

石井：一般的に保育園って賑やかなイメージがあるじゃないですか。でもハピネス保育園はとても静かなんですよ。なぜかというと、園児それぞれが、絵本を読んでいる子、恐竜に夢中になっている子、はたまた算数の勉強をしている子など、それぞれやりたいことに集中しているからなんです。集中しているからその場自体が静かな状態なんです。

しかもほとんどの保育園は一斉教育でみんな同じことをやりますよね。子どもたちを集めて先生が絵本を読むような感じで。でもその保育園では、それぞれ自分たちがやりたいことをしているんです。しかも子どもたちがとても楽しそうなんですよ。その姿をみて、こういう保育園がやりたいと思ったのと同時に、これは会社のあるべき姿なんじゃないかなとも考えました。

つまり、ピラミッド組織というか、ヒエラルキーのある組織よりもそういうところの方が我々としても学ぶことは多いのではないかと。保育園を始めたというよりもモンテッソーリ教育を始めた経緯になってしまいましたが。

小野：いいですね。それは今、職員やスタッフの皆さんに対してモンテッソーリズムをこういう風に活かしていこうとか、活かせている部分はありますか？

石井：まだあまり活かせているというところまではいけていませんが、保育園の中で1つ始めたことがあります。保育園を運営していく上で、保育士さんをはじめとするスタッフの給料を決める評価制度に、それまでのビジネス系事業ではやったことがなかった360度評価を取り入れてみました。上司、部下、同僚など複数の従業員が一人の社員を総合的に評価する、いわゆる多面評価ですね。

それは一人ひとり全員に対して色々な項目があって、それに対して評価をつけていくものです。上司の視点だけによる評価しかないと、どうしても不公平感が出てしまいますし、通常の評価制度だと、見えないところでやっていることは評価されません。でも自分がやっていることに対してどこかで誰かが見てくれているという安心感というか、そういうものが少しずつ醸成されているのではないかと思っています。今日もうちの社員と食事をしていたときに360度評価に対しての感想を聞いたのですが、今までしたことがないことができている部分が多少なりともあるということでした。

小野：モチベーションにはなりますよね。上司とは絶対的に相性もあるから、頑張っているのに上司に評価されないなんて、本当に浮かばれないですよね。

石井：私自身も査定や給与など、上司が決めた結果を見たときに、やはり上司の眼鏡から見たものだなと感じます。だから360度評価は、給与にはまったく反映させませんということを周知しています。

小野：それはなにか理由があるんですか？

石井：2つ理由があって、1つは給与に反映されると言われた時点で、そこに責任やバイアスがかかるのではないかということです。

小野：「意地悪しちゃえ」みたいな（笑）、そういう人が出てくるかもしれないですね。

石井：そうですね。僕自身が、みんなの評価とお金を結びつけることの是非がわからないので、ハードルが高くてやっていないというのもありますね。

小野：お給料に反映されるなら、私だったら嫌いな人は「マイナスつけちゃえ」と、ちょっと思いました（笑）。

石井：そういうことも起こり得るかもしれないし、それって自分はしないけど、そう思ってしまった時点で心理的安全性がなくなるという気もするんですよね。

小野：確かに。

石井：もう一つの理由は、先程もちょっと言いましたが、感情的な匙加減が難しいということ。その評価によっては、その人の会社人生において、取り返しがつかない状況になってしまう可能性もあるわけですから。

小野：でも、お話をうかがっていると雰囲気はとてもよくなっている感じはします。

石井：上司が部下はもちろん、部下も上司を評価するという「360度評価」は、評価をする方もかなりパワーが必要です。人を評価するということはかなり精神的に負荷がかかることですから。でも、それを経験できることこそが本当の平等じゃないかと思うんですよね。上司と部下という関係だと上司が悪者になりがちなこともありますが、部下自身も上司に依存している状態はあると思うんですよ。それをお互い担うというか、お互い背中を預けあえるようなイメージですかね。改革のファーストステップとしてはよかったかなと思っています。

小野：それは素晴らしいですね。御社のような会社で働きたいと思う方は多いと思います。そこでうかがいたいのですが、三和ホールディングスさんでは、こういう人材を採りたいとか、こういう人はちょっと違う、合わないかもしれないというような考えはありますか？　また、採用した後に、我々のメンバーとして活躍してもらうためのプロセスや人を採用して育てていく基準のようなものがあれば教えてください。

石井：一つはビジョン、理念としては、働いている人たち自身が幸せかどうかというところをとても大事にしていて、そこに対しての共感があるかということです。例えば、人生の半分以上は仕事しているわけじゃないですか。その中で、仕事がもし楽しくなかったとしたら、イコールその人の人生が楽しくないということと一緒だと思うんです。だから自分の仕事に対してやりがいや誇りなど、そういったものが持てるかどうか、そこを目指したいと思えるかどうかを非常に大事にしています。だから生活のために自分の時間を切り売りしてもお金が欲しいと思う人は、自分の仕事にちゃんと向き合えないのではないかと思います。

小野：職場のメンバーが自分の家族のことなど、仕事以外のことで何かトラブルがあったときも支え合っていけるような関係を築けるといいですよね。お金だけではなくて、重視するのが「家族の幸せ」や「大事な人と過ごす大切な時間」とか、そこに共感があるかというのはとても重要ですよね。

石井：そうですね、そう思います。

小野：メンバーになっていくプロセス、いわゆる新人研修では、御社では入ってきた人には必ずやっているとか、ここを理解してもらうために一生懸命取り組んでいるということは何かありますか？

石井：新人研修ではありませんが、ＭＧ研修と呼ばれるマネジメントゲームの研修を受けたり、（＊http://www.nishiken.jp/）、スポーツでも心技体とは言われますが、会社の中でも心技体の3つに力を入れています。まず、心の軸を整えることを目的に、月に一回「木鶏会」を開催しています。内容は、『致知（ちち）』という月刊誌を読み、感想文を書いてみんなで集まり共有します。趣旨は「美点凝視」、つまり「褒める、認める、共感する」の精神でお互いの美点やいいところを凝視するということです。結局仕事でも人生全部そうだと思いますが、人はうまくいかなくなると、ないものを見始めてしまうものです。

小野：そうですね。

石井：でも人も、自分もそうですが、美点が必ずあるはずなんです。それを見るということを月に一回練習しましょうという取り組みです。

小野：それは全社員で取り組んでいることですか？

石井：そうですね。基本的に全社員で、50人ずつくらい集まってやっていたのですが、コロナ禍以降はオンラインでの開催になりました。朝の1時間、4人一組のグループで、事前に書いてきた感想文を一人ずつ読んで、残りの3人が美点凝視をします。すると、同じ記事を読んでいるのに人それぞれの価値観や注目するポイントが出てくるんです。普通に仕事をしているだけではわかり得ないような部分も出るし、そういう背景で仕事をしていたのかと理解できて、お互いもっと近い存在になっていける機会になります。

次に「技」の部分については、外部と連携して接客やコーチングなど、さまざまなスキルを習得するための研修を用意しています。学びたいことを自分で選んで、それぞれ技を磨くという感じです。

最後の「体」は体験です。普通「体」とは身体を鍛えるという意味ですが、僕らは体験の「体」と言っていて、それが経営者を体験する「MG研修」です。MG研修は受けられたことありますか？

小野：あります。赤字ばかりで大変でした（笑）。

石井：それなら話が早いですね（笑）。研修を通して、営業、事務、経理、製造などそれぞれの仕事が全体的にどうなっているかを知ってもらうことで、部分的な面だけではなく全体的な目線で物事を見ることができるようになります。その結果、自分の仕事の前後のことも考えられるようになり生産性が上がっていくんです。

ビジネスという側面で言うと、経営者の一番の悩みは最終的に「お金」に行き着くことが多い。でも逆に言うと悩みでもあるけど喜びでもあるんですよ。両方あるはずなのに、これを「僕だけが背負っておくのはすごくもったいない。一緒に共有できるといいな」と思ったんです。コインの表と裏ではないですが、幸せって苦も楽も両方ひっくるめて考えたときに感じるものだと思うので、それを共有できる共通言語の部分を、このＭＧ研修で一緒に上げられたらという目的でやっています。

小野：では、ＭＧ研修もみなさんでやっているんですね？

石井：みんなで参加しています。いまコロナ禍で難しいですが、基本的には2ヶ月に一回、大体40人程度集まります。毎回人を変えて、色々なグループ会社の方たちだけでなく、学生を入れたり外部の社長さんを呼んだりもしていますね。世の中は多様性があって成り立っているので、色々な人がいたほうが楽しいですから。実は小学生も来ているんですよ。

小野：へぇー！　すごいですね（笑）。子供のほうが柔軟ですよね。

石井：本当にそうですよ（笑）。

小野：「技」のところで、それぞれ技を磨く、つまり個別にスキルアップできるような環境を整えているとうかがいました。接客とコーチング、それ以外に何かスキルを磨きたいという声はありますか？

石井：ここはちょっと課題でもあるので、正直まだあまり充実はしていないかもしれません。外部のパートナー企業さんが提供しているカリキュラムにやりたい人が手を挙げるという感じにしていますが、ラインアップはもっと充実させていきたいなと思います。新入社員研修や階層別研修もそうですし、みなさん学びたいものがそれぞれあると思うので。

小野：これからもますます充実させていく感じですね。石井さんは、社長になられる前は何をされていたんですか？　どこか会社に所属されていたのでしょうか。

石井：父が創業者で僕は2代目です。まったく畑違いですがその前はゼネコンで現場監督をしていました。父がやっている事業に自分も興味があったので30歳くらいのときに戻ってきて、5～6年位は社員として現場で仕事をしながら事業をやっていた感じです。

小野：最近は石井さんも事業承継のサポートやコンサルティングに入られたりすることがあるとか。自分が社長として入っていく中で、ご自身の心理的安全性の作り方について、何か工夫をされたことはありますか？　お父様が育ててきた場に自分が入っていくという状況において、自分なりの場の作り方というか。

石井：今になって思いますが、父がそれを作ってくれていたのだろうなということですね。信頼してもらっていたのかなということを感じます。僕自身の立場で心がけていたことは、一社員として入ってきても、周りからは社長の息子として見られているだろうなと思って、何かプラスアルファを作るということは心がけていました。小さくてもいいから、スモールサクセスを生むように努力していたという感じですかね。誰かがそれを褒めてくれていたわけではありませんが、ちゃんと見ていてくれていたと感じられたのが、僕にとって非常に大きな安心感だった気がします。

小野：それはお父様が見てくれていた、それとも周りの人がですか？

石井：周りの人も見てくれていましたが、最終的には父が見てくれていたという感じはしますね。

小野：すべての中途採用、事業承継もそうですが、立場を与えられることがある種決まっていて、場に入って行く人たちは、その場を作ることに苦労されているんだろうなと思います。入って行く側も受け入れる側も。

石井：今思い出しましたが、子どもは、大人の真似をして色々なことやりますよね。いわゆる「ままごと」と呼ばれるものですが、モンテッソーリ教育ではそれを「お仕事」と呼ぶんですよ。見た大人からは「ままごとしていて可愛いね」と言うんですが、本人たちは「ままごと」ではなく「お仕事」をしていると言うし、保育士もそれを「お仕事をしている」と言うんです。

なぜかというと、モンテッソーリ教育では、全てのことをままごとにしないという考え方がベースにあって、どんなことも真似事ではなく本物の体験をさせるんです。例えば料理では、本物の食器を使ったり、できる限り大人がやっていることと近い形でやらせます。植物に水やりするときも、こぼしたら自分で拭く。そうすることによって自分もこの環境の一部として「貢献できている」ということを認識してもらうんですね。だから「ままごと」ではなく、子どももちゃんと「仕事を果たしている」認識があるから、「お仕事」と呼ぶんですね。それは、会社でも全く同じことが言えます。現場監督から転職してきて、自分は何もできなかったはずですが、その中でも自分がやった仕事が、ちゃんと価値があるものとして見られていた感覚が非常に重要だったと、そういうことを思い出しました。

小野：でもそれは、今働いているみなさんとの関わり方の軸になっているというか、３６０度評価も自分がやった仕事全てに価値があるものとして見られている、誰かが認めてくれている感覚につながっているのではと感じました。「意味のないことはない」というか、極論すれば、その場に存在してくることにも意味があるのだと思います。

どうしても仕事の現場だと成果が求められてきますが、やはり私たちが人として感じる安心感って、成果とは切り離されたところで「ここがあなたの居場所だ」と言い切ってもらえるような、そういうところにあったりするのかなと思います。お話をうかがってそういう場づくりをされているのだなと感じて、非常に感動しております。

石井：できているかどうかは別ですが（笑）。

小野：客観的にうかがっていて、できている感じがしたので大丈夫だと思います（笑）。あと、これから場作りとしても会社としても、目指しているものがあれば教えていただきたいです。保育園を始められたということももちろんありますが。

石井：冒頭にお話ししたことと少しつながるかもしれませんが、仕事をしている人たちの姿を見たときに、みんな本当に仕事を楽しんでいるのかなと感じるときがあるんですよ。みんな能力の20～30％くらいしか発揮していないのではないかという感じがしていて、とてももったいないと思うんです。日本人の幸福度は非常に低いという統計が出ていますが、自分の能力をもっと発揮できていれば、幸福度が上がると思うので、そういうことに一石を投じられるような会社になりたいですね。

小野：先程おっしゃっていたように、仕事も人生の時間の大半を使ってするものなのであれば、やはりそこの幸福度というか充実度を上げていく必要がありますね。充実しているものがあるだけで、相対的に人生が豊かになりますから。

石井：社内でも、「自分たちの仕事に対する共感者をもっと増やしていきましょう」という話はしています。今まで仕事だと割り切ってやっていることが多かったと思うんです。でもみなさん生活もあるし当然それをやっていかなければいけない部分はあると思いますが、それだけではなくてちゃんと共感を呼べる仕事なのかというところが一つの大きな基準ではないでしょうか。

それはお客様に対する共感でもあるし、お客様からの共感を増やしていくために、その前にもっと大事なこととして自分自身もその仕事に対して共感しているかどうかです。ここをもっと高めていけばいくほど周りの人の共感も自然と広まっていくのかなと思います。結果、それが回り回ってビジネスにも影響してくると思います。そして、そうすることによって持続可能というか、循環し始めるんじゃないかなと。

3年前にスウェーデンにいったとき、当時は、まだ日本では「SDGs」はなじみのない言葉でしたが、そのときにスウェーデン人の方に教えてもらったのが、SDGsには3つのPがあるということです。3つのPとはPeople、Planet、Profit。Peopleは人を大事にすることで、

Planetは地球。地球環境も含めて大事にすることです。そして３つ目はProfit。これは経済拡大ということだと思いますが、この３つ全部が揃ってはじめて持続可能になると。「そのときにはじめて循環し始める」という意味が僕の中でしっくり来ました。企業活動として利益は出していかなくてはいけませんが、それはあくまでも目的ではなくて、ガソリンみたいなもの。でも車ってガソリンがないと走りませんよね。人が良くなって、その結果地球も良くなっていくような事業を行うことですべてが回りはじめて持続可能になる、そういうことがこれからはすごく大事なのかなという学びがありました。

小野：素晴らしいですね。このインタビューを読んでくださった方で、自分もこういう会社で働きたいとか、こういう保育園に子供を預けたいなと思ったり、共感していただける方が出てくるのではないかと思います。男性で成果を出している社長さんって、ある程度人に対して割り切っているような部分があると個人的に感じています。小規模の企業さんだと従業員にそこそこ目が届くし「みんながワンチーム」と言えますが、石井さんの会社の規模で先程おっしゃったようなことを軸で人を育てたり、先程の３つのPなど語ってくれる方は希少だなと思いました。

石井：僕いいことしか言ってないですから（笑）。いいこともあるけど当然コインの表と裏みたいに悪いことも両方あるじゃないですか。

小野：うまくいかなかったケースは、ありますか？　こういう失敗を経て現在までたどり着いたというような。

石井：元々の企業文化ってあるんですよね。やっぱり僕は2代目なので、それと僕が目指そうと思っているところに対立、とまではいかないですが、どう融合させるのかということは、ものすごく悩んでいます。

小野：それは現在進行系の悩みですか？

石井：多分ずっと続くだろうなと。意地もあるし、そこは大きなジレンマとしてありますね。

小野：そういった課題があるからこそ先程の「心技体」だったり、自分が目指す方向に気持ちよくみなさんがシフトしていくような場づくりを、試行錯誤されながら現在進行系でチャレンジされているのかなと思います。

石井：そこは結構現在ももがいている感じです（笑）。

小野：自分自身の確固たる居場所づくりについては、歯を食いしばってやられている経営者の方が多いんだなと思います。人数が多くて規模が大きければ大きいほど、そこに居続けるというのはそれなりにパワーがいることだったりするんだろうなと。

石井：パワーがいる感じじゃなくしたいですね。やっぱり思うのは、会社のなかの心理的安全性を作るために一番大事なことは、僕自身の心理的安全性を作ることなんですよ。僕の心理的安全性が何かというと、自分が持っている「恐れ」みたいなもの、これが何なのかちゃんとわかっているということと、これをちゃんと認められてあげられるかということ。トップがそれができている組織は非常に強いのではないかと思います。

でも、特に大企業の場合、ピラミッド組織で頂点の人の恐れは「風通しが悪い」ことです。それは根っこに「経営者の恐れ」があるからではないかと思うんです。経営者は、やっぱり会社を存続させないといけない義務があるし、会社が倒産するということを想像したくないわけですよ。もし倒産なんていう事態になったら自分は受け入れられるかどうかなと思いますし（笑）。この点については、心理的安全性というのは心がけてはいるけども、会社の器は社長の器ってよく言ったもんだなと思いますね。

小野：確かに。昨日は大丈夫だ、受け入れると思っていても今日になったらやっぱり怖くなったり、そのときどきで変わったりもするし。でも、おっしゃるとおりだと思います。面被りクロールみたいに周囲の声を聴かずに突き進んでいくと周りのことも見えなくなってしまって、人がついていけなくなってしまうから。あまりスタッフが恐縮するレベルのことじゃなくて、社長が何かを相談してくれるというのはすごく嬉しいという社員さんもいらっしゃるだろうし、恐れを認識して受け入れているかということは本当に大事です。まだそういうことができていない社長さんがもしこれを読まれたら、気付くきっかけになればいいなと思います。

以上、2社のインタビューをご紹介しましたが、いかがでしたか？　どの会社さんも、従業員の方が安心して働けるための環境作りに対し、多種多様な試みをされていました。でも、どれも決して難しいものではなく、真似して実践できるようなヒントがたくさんあったと思います。

これを読んでくださった方の中に、自社も心理的安全性の高い場所にしたいという経営者やリーダーの方だけでなく、こんな職場に入って働いてみたいという若い方もいらっしゃるのではないでしょうか。

ぜひ各社の事例を参考にすることで、心理的安全性の高い場作り、そういう環境が整った職場探しに役立てていただければと思います。

おわりに

私の母はとてもよく笑う人です。
笑うといってもわっはっはと声を出して笑うのではなく
見ると常にニコニコと微笑んでいて、いつでも楽しそうにしている。
そんな人です。

4人の娘の子育てはそれなりに大変だっただろうし
教会の中では牧師の妻として、本当にたくさんの人の話を聴いたり
励ましたりと、自分のことなど後回しで人のために動いていて、
嫌なことや不安な時などもきっとあったと思うけど
母を見れば常ににこやかに何かに取り組んでいる。

そんなイメージしか出てきません。

そして父はそんな母を見ていつも嬉しそうにしていました。

両親が笑顔でいること。
これは子どもにとっては最高の心理的安全性で、
外でどんなに嫌なことがあっても、家に帰れば落ち着くし
心も体も充電できる、そんな場所を作ってくれた両親には
本当に感謝しています。

長男を出産した後、子育てに行き詰まり、息子に酷い言葉をぶつけたり
私が怖い顔で睨みつけたり、周りから見たら虐待だと思われても
仕方ない関わり方をしていた時期がありました。

息子を怒鳴りつけながら「これは息子が悪いのではなく
私が何かを変えなくてはいけないんだ」と思い、
心理学などを学び、親子関係を改善することができたのは

「私は母にこんな風にはされていない」

という気持ちがあったからです。

母のようににこやかに毎日過ごしたい
そうするにはどうすれば良いんだろう？

こんなことを考えて、行動できた結果

今このような形で「心理的安全性」に関する本を出させていただくまでになりました。
心理的安全性というのは、頭で理解するものではなくて
体全体で感じる「感覚」です。

自分の胸に手を当てて

・今どんな気持ち？
・今何を感じてる？

こんな風に自分の心と会話しながら、自分にとっての
「心地よさ」や「ちょうど良さ」をどれだけ見つけられるか？が

この社会で心穏やかに過ごしていくための秘訣だと思っています。

そして心穏やかでにこにこと過ごしている人が1人でもいれば
その場に訪れる人は心理的安全性を感じることができ、
その輪が広がっていきます。

私の家が、母の笑顔によって安心感に包まれていたように
私たちの過ごす場は、私たち一人ひとりの笑顔によって
安心感に包まれていきます。

是非本書を読んでくださった皆様が
「その場を笑顔にする1人」になってくださることを

心から願っております。

また本書の出版において、本当にたくさんの方のお力を
お借りしました。

私の頭の中が形になるまで、粘り強く待ってくださった
ビジネス教育出版社　高山さん

私の拙い表現を、ここまでたくさんの人に分かるように
書き上げてくださったライターの大江有起さん・川崎あゆみさん

私と共に心理的安全性について力強く伝え続けてくれている

道下けーこさん、天谷智美さん、末良香奈さん、井出聡美さん、木村聡さん

インタビューにご協力くださった

ガコプラ　杉本社長とスタッフの皆様
三和ホールディングス　石井社長

この本の出版を喜び、たくさんの人に届けよう！と
尽力してくれるUKAの仲間たち

そして忙しなく動くわたしを側で支えてくれる夫とこどもたち

私にこの心理的安全性の源をくれた
父と母に

心から感謝いたします。

皆さんの毎日が安心感に包まれた素晴らしい日々になるように、心からお祈り申し上げます。

MEMO

MEMO

MEMO

MEMO

MEMO

MEMO

【著者】

小野 みか (Mika Ono)

一般社団法人日本心理的安全教育機構代表理事
合同会社MYGIFT代表社員
1978年生まれ東京育ち。

牧師である父親が運営するプロテスタント系教会で育つ。
教会の結婚式で牧師と新郎新婦が行う「結婚教育」に豊かな人間関係の秘訣が全て詰まっていると気づき、教会の枠を超えて誰でも学びが受けられるように講演・研修活動を始める。

全国35を超える地方自治体や、官公庁、上場企業の講師として全国を飛び回り活動している。登壇回数は600回超、動員実績は延べ30,000人を超える。

参加者満足率98%と高い評価を維持し、国内最大手の結婚相談所にてマリッジアドバイザー教育、3万6千人を有する会員向け教育事業の企画プロデュース及び筆頭講師も務める。

タカラトミー、出雲市などと共同で女性向け人生ゲーム「出雲縁結び人生ゲーム」を監修、女性が魅力溢れる人生の選択をゲームを通して体感できるようなイベントなども開催している。

一般社団法人日本心理的安全教育機構
PSEO公式サイト
https://pseo.or.jp

エモトーク公式サイト
https://emo-talk.com

心の通った会話がチームを強くする
心理的安全性を生み出す伝え方

2024年5月30日　初版第1刷発行
2024年6月20日　初版第2刷発行

著　者　小野みか
発行者　延對寺哲
発行所　株式会社 ビジネス教育出版社

〒102-0074　東京都千代田区九段南4－7－13
TEL 03(3221)5361(代表)／FAX 03(3222)7878
E-mail ▶ info@bks.co.jp　URL ▶ https://www.bks.co.jp

印刷・製本／ダイヤモンド・グラフィック社
ブックカバーデザイン／飯田理湖　本文デザイン・DTP／ダイヤモンド・グラフィック社
編集協力／大江有起・川崎あゆみ
落丁・乱丁はお取替えします。

ISBN978-4-8283-1001-5